S.O.S. du jardinier

Claude Bureaux

S.O.S. du jardinier

ÉDITIONS DE VECCHI S.A.
52, rue Montmartre
75002 PARIS

Malgré l'attention portée à la rédaction de cet ouvrage, l'auteur ou son éditeur ne peuvent assumer une quelconque responsabilité du fait des informations proposées (formules, recettes, techniques, etc.) dans le texte. Il est conseillé, selon les problèmes spécifiques – et souvent uniques – de chaque lecteur, de prendre l'avis de personnes qualifiées pour obtenir les renseignements les plus complets, les plus précis et les plus actuels possible.

Nous remercions vivement l'association des Murs à pêches de Montreuil (23, rue Saint-Juste, au fond de l'impasse de Gobétue, à Montreuil), et Mme Chavy de La Couperie, de nous avoir permis de photographier leurs jardins, ainsi que Dominique Blancard de l'INRA (UMR Santé Végétale).

Sommaire

Préface

Dephinium
'Lavender Blue'

Un bon jardinier est celui qui avant tout sait observer. Claude Bureaux est de ceux-là. Cet illustre jardinier présida pendant de longues années aux destinées du Jardin des plantes de Paris.
Riche en savoir-faire et plein de bon sens, à l'instar de ses grands ancêtres comme André Thouin, il a, avant tout, soin de préserver une nature aujourd'hui souvent mise en péril. Voilà pourquoi ses méthodes de lutte contre les parasites et les maladies du jardin sont douces. Maître jardinier de la confrérie de Saint-Fiacre, Claude Bureaux fait, dans cet S.O.S. du jardinier, *preuve de mesure et de sagesse. Comme il le dit souvent : « On n'écrase pas un puceron avec un marteau-pilon. »*
Savoir lutter contre les déséquilibres souvent dus à l'abus de traitements chimiques, telle est la tâche première de ce « bon docteur des jardins » dont le credo est : « Nourris la terre pour rendre la plante plus résistante, tu auras moins besoin de traiter. »
Adepte du jardin familial, Claude Bureaux a fait sienne cette maxime : « Le meilleur engrais dans un jardin, c'est encore l'œil du jardinier. »

MICHEL LIS,
le jardinier

Avertissement

Cet ouvrage n'a pas la prétention d'être une publication scientifique d'entomologie ou de cryptogamie, encore moins d'être un traité de phytopathologie : il est tout simplement un guide de « premiers secours » pour les jardiniers amateurs. Certains ravageurs d'introduction récente, comme la mouche du fuchsia qui nous vient du Brésil ou le papillon du géranium qui arrive d'Afrique du Sud, ne posent pas encore, heureusement, beaucoup de problèmes dans les jardins familiaux.

Les nématodes (anguillules) ainsi que certaines maladies et virus présents et redoutés en agriculture par les horticulteurs pépiniéristes sont heureusement combattus en amont à la production. Les professionnels nous proposent des plantes désinfectées, contrôlées, certifiées indemnes d'affections.

Des maladies comme le « plomb des arbres fruitiers », le « dépérissement » ou la « graphiose de l'orme », le « chancre du châtaigner », le « coryneum des arbres fruitiers à noyau » nécessitent des mesures phytosanitaires afin de ralentir leur extension. Parallèlement à ces mesures, la profession horticole essaie de sélectionner des espèces résistantes. La lutte contre certaines maladies (notamment à virus) est souvent impossible ou inexistante au jardin familial.

Nous n'aborderons pas non plus la lutte contre certains ravageurs très connus, mais qui doivent être combattus localement ou régionalement, par exemple les chenilles processionnaires dont l'effet des poils urticants est très désagréable pour les jardiniers lorsque leur terrain de culture est situé à proximité d'un espace boisé (beaucoup d'ennemis naturels prédateurs et parasites réduisent heureusement les pullulations de ce grave défoliateur du pin et du chêne).

Je vous livre ici quelques petits secrets et des conseils pour que votre jardin, lieu de vie, de plaisirs et de détente, soit sain, harmonieux et productif.

CLAUDE BUREAUX

À gauche : impatiens

Lis (ci-dessous)

Introduction

Jardinier depuis près de quarante-trois ans, chef jardinier du Jardin des plantes de Paris pendant près de vingt ans, militant de la Société nationale d'horticulture de France (SNHF) et conseiller technique pour de nombreuses associations de jardins familiaux (comme les Jardins ouvriers), je vous livre ici une contribution qui résume mes réflexions sur les possibilités d'avoir un jardin en bonne santé.

Vous y découvrirez quelques conseils d'un jardinier raisonnable qui a choisi la voie du jardinage raisonné entre le « tout-bio » (souhaitable mais parfois difficilement réalisable) et le « tout-chimique » (polluant, dangereux pour la nappe phréatique et pouvant, mal utilisé, être nocif pour notre santé et celle de notre entourage).

Entre méthodes culturales issues du bon sens populaire et de l'observation de la nature et nouvelles technologies, le jardinage raisonné recommande une observation régulière de ses cultures.

De même que l'on ne peut pas toujours combattre les maladies de l'homme avec des tisanes, des décoctions, une bonne hygiène de vie, la consommation de vitamines et d'oligo-éléments naturels, ni par la phytothérapie, on ne peut pas toujours combattre les parasites et ravageurs du jardin par la lutte biologique. Parfois, il n'existe pas de traitement naturel pour répondre à certaines maladies des plantes cultivées. On est amené alors à utiliser avec intelligence des traitements chimiques. Il reste au jardinier à bien connaître ces produits et à les utiliser avec parcimonie et en respectant les conseils d'utilisation.

Le jardinier amateur peut être, sans le vouloir, un redoutable pollueur. Je ne peux que remercier mes amis des jardins ouvriers et familiaux, et notamment les adhérents du « Jardin cheminot » qui ont expérimenté diverses méthodes de culture, préférant, en cas de présence de parasites ou de maladies, des actions préventives aux traitements curatifs. J'ai amplement profité de leurs connaissances acquises par une longue pratique dans le domaine phytosanitaire et de leur engagement pour un jardinage raisonné.

La présence d'insectes ou de certaines maladies peut parfois être supportée. Si le seuil de tolérance

Rosa *'La Sevillana'*

Ipomée

(laissé à l'appréciation du jardinier en fonction de ses disponibilités et de ses besoins) est dépassé, il envisagera alors de traiter. Le produit adapté sera choisi en fonction du constat effectué. Recueillant de toute part « trucs et astuces » ainsi que les réflexions des « jardiniers-consommateurs » face aux nouveaux produits commercialisés et aux nouvelles méthodes de lutte antiparasitaire, j'ai pu, grâce aux amis de la Confrérie de l'ortie, de la confrérie de Saint-Fiacre et des sections « Floriculture », « Potager » et « Dahlias » de la SNHF, recueillir de nombreuses informations, faire un bilan et vous proposer un code de bonne conduite jardinière.

Souvenez-vous que le binage, le sarclage et toute action d'aération du sol créent un environnement favorable à un bon développement sanitaire des végétaux : ils sont le premier acte de la prévention.

« Il faut donner de l'amour à la terre », dit souvent Michel Lis. Mon ancien chef jardinier Pierre Bottet ironisait même : « On peut utiliser tous les engrais et faire tous les traitements possibles et imaginables sur un chêne, il faudra tout de même attendre cent ans pour avoir un chêne centenaire. » Il nous faut ainsi rester humbles face à la nature : les insectes, les champignons, les plantes adventices et même les virus font partie du monde physique, biologique et de ses lois. Lorsque

ceux-ci sont amenés à gêner le développement harmonieux de notre jardin, nous devons par des moyens raisonnés les limiter, voire provisoirement les détruire, tout en respectant l'équilibre de notre environnement et surtout en ne commettant pas d'actions irréversibles, pouvant favoriser un

appauvrissement de notre sol, une pollution de notre eau, des carences, voire la multiplication incontrôlée d'insectes ou de maladies résistants à nos traitements (ce qui nous pousserait dans une course en avant irraisonnée à la recherche de nouvelles molécules actives).

Parfois, quelques recettes de « vieux jardinier » suffisent à maintenir notre jardin sain. Avant de faire intervenir la « médecine », soyons de bons « secouristes » !

En règle générale, une culture au jardin familial peut supporter sans inconvénient majeur un certain taux d'infestation qu'il sera souvent possible d'éliminer en détruisant la partie malade ou attaquée. Il faudra veiller à ne pas se débarrasser de ces parties végétales en les incorporant au tas de compost afin d'éviter un foyer d'infection près de nos cultures. En revanche, au-delà d'une certaine densité de population d'organismes nuisibles, la culture risque de subir des préjudices importants, supérieurs au coût d'intervention. Ce seuil doit être établi pour chaque culture en fonction de l'ennemi concerné. La première règle que doit adopter le jardinier amateur et certainement la plus importante est de ne jamais utiliser des produits réservés aux professionnels de l'agriculture ou des parcs, jardins et espaces verts. Il ne devra utiliser que des produits comportant la mention « Emploi autorisé dans les jardins ». Les produits phytosanitaires sont des produits sélectionnés pour leur aptitude à détruire les divers ravageurs, maladies et végétation indésirable qui menacent les cultures. Dans les conditions normales d'utilisation et dans le respect de l'environnement, ces produits ne devraient altérer ni la santé du jardinier, ni celle du consommateur.

Pour une bonne prévention

Les haies sont souvent composées de « plantes hôtes » pour les insectes

Bien connaître son jardin

Afin d'éviter de nombreuses insatisfactions et des déboires, le jardinier se doit d'avoir une idée pertinente de son jardin : l'orientation, les vents dominants, les endroits chauds et ensoleillés, les lieux plus frais, ainsi que les zones qui, en été, restent plus humides que les autres. Il se doit aussi de bien connaître sa terre.

Toutes ces informations lui seront fort utiles pour bien prévenir les maladies et les infestations d'insectes prédateurs : l'ensoleillement et la sécheresse

Miscanthus *'Zebrinus' (graminées). Peu d'insectes attaquent les graminées*

sont favorables au développement de l'araignée rouge ; l'ombrage et l'humidité favorisent les « blancs » ou oïdiums. Les haies sont souvent composées de « plantes hôtes » pour les insectes. Les grandes variations de température entre la nuit et le jour sont responsables des « chocs thermiques » qui bloquent en saison le développement harmonieux des végétaux.

Le jardinier peut aussi par son action être la cause de quelques problèmes : l'utilisation abusive de désherbants peut favoriser le développement des mousses et des algues. L'excès d'engrais azoté est souvent à l'origine des grandes invasions de pucerons. Un arrosage irraisonné peut créer un développement important des maladies cryptogamiques ; effectué en plein soleil, il provoque des brûlures irréversibles sur les feuilles, les fleurs et les fruits. Une taille ou un élagage fait sans soin et sans protection de la plaie par un cicatrisant peuvent être à l'origine de lieux propices au développement des insectes et des maladies ; le tas de compost, lui-même, peut être un foyer d'infection au fond du jardin.

Un certain nombre de facteurs externes peuvent favoriser une bonne végétation (pluie, brouillard, vents humides, ensoleillement) ou, au contraire, provoquer un manque de vigueur ou un ralentissement des floraisons et fructifications (gelées printanières, sols trop lourds ou trop compacts, lune rousse, sécheresse, etc.). Si les plantes sont cultivées selon leurs besoins respectifs, si elles trouvent dans le sol les éléments nutritifs qui leur sont nécessaires, elles sont plus vigoureuses et vous aurez moins à intervenir pour les soigner.

Il faut aussi éviter de tenter de cultiver des végétaux inadaptés à votre sol ou à votre région. Les fleurs, les légumes, les arbres ne peuvent croître partout. Certains souhaitent un climat chaud

Brûlures sur feuillage de vigne vierge

et plutôt sec, d'autres préfèrent des conditions atmosphériques plus tempérées, voire humides. Le gel printanier a une très grande influence sur la végétation mais, surtout, il peut occasionner des dégâts importants lors de la floraison des arbres fruitiers notamment.

Quelle terre dans votre jardin ?

La composition physique et chimique des terres n'est pas identique d'une région à l'autre, voire d'un jardin à l'autre. La réussite passe avant tout par une bonne connaissance de sa terre. On peut ainsi répondre à ses besoins en lui apportant engrais ou compost en fonction des végétaux que l'on souhaite y semer ou planter, mais aussi faciliter leur développement en évitant l'appauvrissement en humus et en minéraux qui réduit la vie microbienne du sol et génère des plantes fragilisées, carencées, voire sans autodéfense. On peut faire une analyse de son sol (par certaines jardineries ou laboratoires spécialisés), mais l'observation de celui-ci permet tout de même de se faire une opinion sur ses qualités et ses défauts.

Nous vous présentons sous forme de tableaux divers éléments concernant la couleur et la texture du sol ainsi que les plantes poussant spontanément dans le jardin.

Le sol vit : la présence de taupes, de courtilières et de vers de terre révèle un sol vivant ; une terre riche et fertile contient de nombreux macro-organismes (insectes, vers larves). La vitesse de transformation des déchets pailleux, comme le fumier, en humus est révélatrice du degré d'activité des micro-organismes (bactéries, larves, champignons) présents dans le sol.

On doit également connaître l'*acidité* ou l'*alcalinité* du sol, afin de bien le travailler et l'amender pour le rééquilibrer éventuellement en fonction de nos futures cultures.

Le sol peut être acide, neutre ou alca-

Couleur du sol

Brun foncé	Sol riche en humus et matière organique
Noir	Sol tourbeux
Jaunâtre, blanchâtre	Sol sableux ou calcaire
Bleu, vert, gris	Sol saturé d'eau à certaines périodes de l'année

Les plantes spontanées

Sol plutôt lourd	Bouton-d'or (*Ranunculus acris*), laiteron des champs (*Sonchus*), chénopode (*Chenopodium*), amarante (*Amaranthus*), carotte sauvage (*Daucus carota*), oseillon, patience sauvage (*Rumex*), chardons (*Carduus*, *Cirsium* et *Dipsacus*)
Sol plutôt léger	Pensée (*Viola arvensis*), liseron (*Convolvulus*), panic pied-de-coq, millet des oiseaux (*Panicum*)

Texture du sol

Particules fines : argile	Un sol argileux ou lourd a la particularité d'être souvent imperméable. En prenant une poignée de terre, on peut facilement faire une galette aplatie de 2 à 3 mm d'épaisseur ou bien un anneau à partir d'un boudin d'argile
Particules moyennes : limon	Avec un sol limoneux ou intermédiaire, on peut faire une galette aplatie au maximum sur 5 mm d'épaisseur, avec l'impossibilité de faire un anneau à partir d'un boudin
Grosses particules : sable (éventuellement gravier ou cailloux)	Avec un sol léger ou sableux, il est impossible de faire une galette ou un boudin

lin. Le pH est la mesure de son acidité ou de sa basicité :

› si le pH est inférieur à 7, le sol est acide ;

› si le pH est égal à 7, le sol est neutre ;

› si le pH est supérieur à 7, le sol est alcalin ou basique.

Sol acide

Dans un sol plutôt acide (granit, silice), on trouvera facilement de la bruyère (*Erica*), de la callune (*Calluna*), des myrtilles (*Vaccinium*), de la fougère aigle (*Pteridium aquilinum*), du genêt (*Genista*), de la petite oseille (*Rumex acetocella*), de la digitale (*Digitalis*), de la ravenelle (*Cheiranthus cheiri*), de l'ajonc (*Ulex*), du châtaignier (*Castanea*), voire du pin maritime (*Pinus maritimus*).

Sol neutre

Le sol neutre est idéal pour le jardin potager et les massifs floraux. Il favorise l'activité biologique du sol. Il existe actuellement, à la disposition des jardiniers, dans le commerce spécialisé des kits de test du pH (papier tournesol, « pH-mètre » électroniques, etc.), mais l'observation des plantes poussant spontanément dans votre jardin vous donne une très bonne indication sur le pH du sol.

Sol alcalin

Dans un sol plutôt alcalin ou calcaire, on peut trouver du sainfoin (*Onobrychis sativa*), du cerisier mahaleb (*Prunus mahaleb*) appelé aussi cerisier de Sainte-Lucie, des primevères (*Primula*), du genévrier (*Juniperus communis*), du chêne pubescent (*Quercus lanuginosa*) et des pins d'Alep (*Pinus halepensis*) ou noirs d'Autriche (*Pinus laricio* var. *austriaca*).

Pour évaluer les qualités et les potentialités de sa terre, on peut là encore observer les plantes qui s'y ressèment spontanément. Un sol riche en matière organique et en azote est caractérisé par la présence de chénopode (*Chenopodium*), d'ortie (*Urtica*), de gaillet gratteron (*Galium aparine*), de chiendent (*Cynodon*), de séneçon (*Senecio*), d'amarante (*Amaranthus*), de

Culture bien menée

mouron blanc (*Stellaria media*), de consoude (*Symphytum officinalis*) ou de mûres. Mais cela n'exclut pas la possibilité de l'enrichir pour compenser les pertes d'éléments fertilisants dues aux récoltes, notamment en cas de cultures de pommes de terre, de dahlias, de glaïeuls, de choux, de ricin, de chrysanthèmes, de cannas, de salades ou de tomates.

Terrain sec ou humide ?

Une terre fraîche permet de réduire les arrosages, ce qui évite la prolifération des maladies cryptogamiques et l'invasion des limaces et des escargots : l'excès d'eau provoque l'asphyxie des racines, le développement des pourritures, l'affaiblissement des végétaux voire leur disparition. Il faut tenir compte de l'humidité naturelle de son jardin : un sol frais, humide et peu aéré se couvrira volontiers de carex, de colchique (*Colchicum autumnale*), de renoncule rampante (*Ranunculus*) dite bouton-d'or, de lierre (*Hedera*), de prêle (*Equisetum*), de jonc (*Scirpus*) et de mousses.

La composition du sous-sol

Le jardinier ne s'intéresse qu'à la terre arable, couche supérieure du sol, travaillée afin d'être cultivée, mais une bonne connaissance de son sous-sol est également indispensable (drainage, nappe phréatique, pollutions anciennes, etc.).

On distingue principalement les terres argileuses, les terres alcalines ou calcaires, les terres limoneuses et les terres sablonneuses. Avec les constructions récentes et les modifications du paysage, surtout en zone dite « rurbaine » (entre la ville et la campagne), nos jardins peuvent être composés de zones différentes, plus ou moins attractives pour les ravageurs et maladies. De nombreux apports de terre franche ou de terres maraîchères peuvent avoir été effectués. Ces terres autrefois cultivées, parfois de manière intensive, peuvent être appauvries, polluées ou infestées. La proximité d'une zone agricole ou d'une zone boisée peut aussi favoriser la composition de terres dites « intermédiaires ». On ne connaît pas toujours la provenance exacte de ces terres rapportées, qui ne sont pas toujours désinfectées. La création de massifs d'ombre dits de « terre de bruyère » et l'utilisation excessive de tourbe ou de compost familial peuvent aussi modifier la composition initiale de votre terre et créer ainsi des lieux de développement de certaines maladies jusqu'ici inconnues dans votre région.

Les terres argileuses

Elles sont généralement froides, lourdes, mal drainées (les jardiniers les nomment les « terres amoureuses » car elles collent aux sabots), leur réchauffement est lent, elles sont difficiles à travailler par temps humide et sont favorables au développement des mycéliums.

Cependant, ces terres, après amendement calcaire, apport de compost, paillage, engrais vert et travail du sol, deviennent excellentes. Il faut les piétiner le moins possible pour éviter leur tassement. Elles retiennent très bien l'humidité et sont favorables à la vie des micro-organismes, indispensables pour nos plantes, mais aussi à celle des parasites. L'argile, ayant une structure « ultrafine », nécessite un labour à grosses mottes avant les gelées. Cette opération facilitera la fragmentation des mottes et détruira une partie des insectes hivernant dans le sol.

Les terres alcalines ou calcaires

Moins favorables au développement des champignons, elles se réchauffent rapidement et conservent la chaleur qu'elles restituent la nuit, ce qui convient à de nombreux insectes. Elles retiennent peu l'humidité. Elles sont en général assez faciles à travailler. Les substances nutritives et les traitements préventifs du sol qu'on leur apporte risquent d'être lessivés. On les améliore en pratiquant la technique de l'engrais vert (enfouissement de moutarde blanche, *Sinapis alba*, par exemple) ; il faut bêcher au printemps.

Les terres limoneuses

Ce sont d'anciennes terres marécageuses, forestières ou alluvionnaires. Très favorables au développement de nombreux parasites, elles ont tendance à se tasser par temps trop humide. Elles présentent des caractéristiques assez proches des terres argileuses et nécessitent souvent des amendements calcaires et des labours profonds en hiver. L'utilisation du sulfate de fer ou des traitements préventifs cupriques (à base de cuivre) est souvent conseillée.

Impatiens à fleurs doubles 'Fiesta' saumon et blanc

Les terres sablonneuses (calcaires ou acides)

Elles manquent systématiquement d'humus. Elles sont généralement les moins parasitées des terres. Très filtrantes, elles ne retiennent pas les éléments nutritifs, ni l'eau. Elles sont dépourvues de matière organique et doivent être fréquemment engraissées pour rester fertiles. Elles se réchauffent facilement, mais perdent leur chaleur assez vite.

Bien nourrir son jardin

Afin d'éviter les carences, qui sont la porte ouverte à bien des désagréments et facilitent le développement des germes pathogènes (fragilisant la plante, qui est alors offerte à toutes sortes d'agressions), vous pouvez effectuer des amendements.

Les amendements du sol sont de deux natures possibles : « minérale » ou « organique ».

L'AMENDEMENT MINÉRAL

Il consiste à introduire dans le sol des amendements calcaires ou calcomagnésiens (par exemple : lithothamne) ou siliceux (par exemple : sable de Loire) ainsi que des poudres de roche (par exemple : basalte).

L'AMENDEMENT ORGANIQUE

Il peut être effectué de différentes façons, il est donc nécessaire de définir la matière organique, son état et son rôle. En effet, celle-ci peut être brute (fumier frais, goémon, orties coupées, etc.) ou composée (humus). Les conséquences sur son action dans le sol sont alors très différentes.

Si le rôle de l'humus dans le sol est très important, un apport de matière organique moins compostée mais suffisamment stable peut avoir aussi une série d'influences positives sur les caractéristiques du sol :

› allégement des sols lourds ;

› structuration des sols légers ;

› amélioration de la capacité de rétention en eau et en éléments minéraux du sol ;

› rôle dans la protection du sol contre l'érosion ;

› lutte contre les plantes adventices, les mousses, les champignons et parfois les insectes hivernant dans le sol.

La stabilité de la matière organique, très difficile à obtenir dans l'absolu, est un critère important de « qualité », le stade ultime étant l'humus. En effet, un produit trop peu décomposé peut provoquer sur les cultures un effet dépressif (par exemple : phénomène de faim en azote pour les cultures après enfouissement massif de pailles suite à une récolte de céréales). La matière organique consomme alors l'azote du sol pour assurer son évolution au pré-

judice des cultures présentes sur le terrain. De même, l'enfouissement de tontes de gazon non décomposées est déconseillé (pourriture, moisissure, brûlure des racines et des collets). Une bonne matière organique doit donc être évoluée. La maturité se réalise généralement pour les produits du commerce par compostage. Ceux-ci doivent être contrôlés et désinfectés.

Céanothe (à gauche)

Les fumiers

Le fumier de ferme, généralement du fumier de bovin, est l'engrais par excellence : il contient non seulement les éléments essentiels de restitution organique, mais aussi des minéraux. Si vous avez la chance d'avoir près de votre jardin une stabulation ou une étable, c'est à mon avis le meilleur amendement à enfouir au labour d'hiver ; il peut cependant être porteur de plantes adventices ou de champignons.

Si vous avez un centre équestre près de chez vous, l'utilisation du fumier de cheval peut être envisagée ; cepen-

Pensées

dant, il faut savoir que ce fumier est généralement très pailleux et très chaud. Je vous conseille de le mettre en tas au fond du jardin et de ne l'utiliser que l'année après sa mise en dépôt. C'est un fumier très riche en azote mais généralement peu vecteur de maladies. On peut trouver dans le commerce du fumier dit de champignonnière, qui est un fumier de cheval déjà très décomposé et peu riche.
Pour les autres fumiers, je conseille de les utiliser avec modération et exclusivement en labours profonds : le fumier de mouton ou de caprin est trop acide et froid ; le fumier de porc contient trop de nitrates, dangereux pour la nappe phréatique, il est un réservoir de maladies et de parasites. Le fumier dit de clapiers ou de lapins apporte peu d'éléments au sol ; je conseille de le laisser se décomposer avec le compost et de l'utiliser au griffage de printemps avant les semis et les plantations. Quant au fumier de poules ou de basse-cour (fientes + plumes + résidus végétaux), il peut être excellent, une fois bien décomposé, pour les légumes et les jardinières mais peut parfois retenir de nombreux parasites.

Les autres amendements organiques

Les composts
Ils résultent de mélanges plus ou moins élaborés (fumier, écorces broyées, déchets de culture, déchets verts) en fonction du degré de richesse en éléments minéraux.
Ils auront un rôle purement physique sur les caractéristiques du sol, ils sont pauvres en éléments organiques et peuvent avoir, associés avec des fumiers décomposés, un rôle de démarrage de fertilisation ou d'entretien. Riche en azote, le compost doit être mélangé avec la terre du jardin lors de labours de printemps ou être utilisé pour les semis.

La tourbe
À mon avis trop utilisée ces temps-ci dans les jardins familiaux, c'est un produit brut et naturel de par sa composition et son évolution. Elle est stérile et ne favorise pas le développement des maladies.

Les supports de culture (terreau de feuilles, terre de bruyère)
Ils ont pour simple but de recréer artificiellement la nature d'un sol. Il existe actuellement dans le commerce une multitude d'amendements organiques, triés, criblés, déshydratés, désinfectés pour certains, vendus en sac, le plus connu étant l'or brun. Sont également commercialisés sous cette forme des fumiers décomposés, enrichis en algues, goémons, orties ou oligo-éléments.

Les engrais verts
Ils apportent également beaucoup d'azote au sol.
Ces plantes semées en place et labourées avant leur montée à graines dans certaines parcelles du jardin comme le potager, ou avant la création d'un gazon ou d'une plantation fruitière, sont nécessaires pour nourrir et rééquilibrer le sol.
Les principales plantes utilisées au jardin familial sont : la moutarde blanche (*Sinapis alba*), la féverole (*Faba vulgaris*), le trèfle violet (*Trifolium*), la phacélie (*Phacelia*), la vesce commune (*Vicia sativa*), le mélilot (*Melilotus officinalis*), le sainfoin (*Onobrychis sativa*) et le colza fourrager (*Brassica campestris*).

Engrais vert

En règle générale, pour apporter à notre terre des amendements qui lui permettront de bien nourrir les plantes afin que celles-ci se défendent mieux face aux agressions des parasites et des maladies, il faut utiliser autant que possible des produits à décomposition lente, sains, avec justesse et discernement. L'abondance de certains éléments organiques ou minéraux peut nuire au bon développement de nos végétaux et favoriser en cela l'apparition de malformations ou de maladies pouvant entraîner un parasitisme accru. Bien connaître la terre de son jardin pour bien l'amender, améliorer son sol est une action de prévention : « Bien prévenir pour bien guérir. »

Bons et mauvais gestes

Les bonnes méthodes culturales

Non seulement le jardinage raisonné favorise un environnement sain, mais il fournit des aliments sains et de belles floraisons. Complétant les acquis du « jardinage bio » par une utilisation intelligente des nouvelles technologies, il permet de cultiver et de soigner ses propres plantes, mais également de s'adonner aux plaisirs saisonniers des récoltes sans déception, erreur, échec ou « loupage ».

Il nous donne l'occasion de redécouvrir des variétés de fleurs, de fruits, de légumes ou d'arbres et d'arbustes d'ornement, moins connues, voire locales ou traditionnelles, mais aussi d'utiliser des végétaux issus de la recherche en génétique horticole, notamment ceux qui sont créés indemnes de toute maladie ou résistant aux viroses, cryptogames parasites ou aux insectes.

Pommier, 'Canada Grise', ensachage contre l'attaque des insectes

CHOISIR LES « BONNES » PLANTES

On se doit de sélectionner des plantes adaptées aux conditions climatiques et à la nature de son sol. Elles se développeront mieux et seront moins sensibles aux nuisibles et aux maladies.

Il faudra se procurer des plantes saines et certifiées, si possible auprès de professionnels compétents. N'achetez pas seulement avec les yeux (par exemple coup de cœur pour un coloris ou un feuillage), mais aussi avec la tête (connaissance du végétal, de ses développements et de ses besoins, vérifications et expertise du contenant et de la croissance des racines), utilisez des graines certifiées ou issues de votre

propre récolte et méfiez-vous des plantes que vous recevez en cadeau. Le principal mode de propagation des ravageurs et maladies est le transport des plantes d'un jardin à l'autre (notamment pour les dahlias, cannas, fuchsias, artichauts, pêchers, rosiers, conifères et cucurbitacées).

Des cultivars ou des variétés de plantes sont naturellement résistants, d'autres ont été améliorés par l'homme, mais cela n'implique pas l'immunité et suffit rarement à protéger entièrement notre jardin. Ces variétés jouent néanmoins un rôle important dans la lutte phytosanitaire, entre autres contre les virus, et sont indispensables en cas de menace élevée d'infestation (mouche de la carotte, doryphore, viroses, oïdium).

UN JARDIN PLEIN DE VIE

La culture, en parallèle avec les plantes améliorées par les « obtenteurs

Le plectranthus (ci-dessus) est rarement attaqué par les maladies et les parasites mais craint le froid

Dahlia nain 'Red Skin'

À vos binettes !

Un sol en bonne santé, sain, nettoyé, biné, contribuera à donner une plante en bonne santé, ce qui limitera l'emploi de traitements.

hybrideurs », de végétaux sauvages, indigènes, pour attirer les insectes utiles fait appel aux meilleures méthodes traditionnelles, notamment celles qui permettent une vie microbienne indispensable à la bonne santé de notre sol.

Celui-ci fourmille de nombreuses formes de vie, qui vont des bactéries et des champignons microscopiques aux organismes plus visibles, tels les vers de terre et les coléoptères.

La plupart d'entre eux recyclent la matière organique qu'ils dégradent, libérant ainsi les éléments nutritifs pour les plantes : ils sont les « ouvriers » de la structure du sol. Notre action de défense des végétaux ne doit en rien perturber cette activité.

Le jardinage raisonné utilise des pesticides, des amendements et des engrais qui, contrôlés et labellisés, ne doivent avoir aucun impact (en condition normale d'utilisation) sur notre santé ou notre environnement.

Il recommande toujours la « culture bio » quand elle est possible, en fonction de nos attentes, de nos espérances et de nos prévisions de production légumière et fruitière ou de « féerie florale ».

Cela permettra à la faune sauvage d'apprécier en toute sécurité la nature du jardin, notamment les oiseaux, les chauves-souris, les hérissons, les insectes pollinisateurs et tous les animaux auxiliaires du jardinier.

De la diversité naît l'équilibre ; aussi les nuisibles posent-ils moins de problèmes là où la faune prospère.

BIEN TAILLER ET SUPPRIMER LES PLANTES MALADES

Sachez tailler, élaguer, couper vos fleurs, arbres et arbustes. Lors du prélèvement de fleurs pour la réalisation de bouquets ou simplement de fleurs fanées (dahlias, chrysanthèmes, roses, camélias, etc.), vérifiez que vous ne coupez pas une plante malade ou virosée. Si cela est le cas, il faudra prendre soin de bien désinfecter son couteau, sa serpette ou ses ciseaux avec de l'alcool avant de cueillir une autre fleur sur un pied sain afin d'éviter la transmission des maladies virales ou cryptogamiques.

Pour la taille des ligneux, il faudra bien tenir son sécateur à l'endroit, la coupe effectuée en biseau facilite l'écoulement de l'eau de pluie : une retenue d'eau peut se révéler un foyer d'infection !

Coupez proprement la branche à la limite de l'empattement, faites une coupe franche et sans bavure. Étalez un baume cicatrisant (certains sont également bactéricides, fongicides et insecticides.)

Ci-dessus : pour que votre jardin soit un lieu chaleureux et plein de vie, donnez-lui de l'amour…

À gauche : insecte pollinisateur sur dahlia

Page ci-contre : alysse 'Snow Crystal' et héliotrope 'Mini Marine'

Sachez tailler, élaguer, couper vos fleurs

Pailler ou ne pas pailler ?

Le paillage (écorce de pin, paillette de lin, etc.) retarde l'apparition de la végétation indésirable et l'évaporation.
Vous devez l'utiliser de façon temporaire car il peut favoriser la prolifération de rongeurs, d'insectes ou de maladies.

Un rameau endommagé ou parasité par une maladie ou des insectes en garde toujours des séquelles. La suppression du bois mort ou des branches endommagées peut s'effectuer à n'importe quelle époque de l'année. Dès les premiers symptômes (branches anormalement dégarnies ; feuilles fanées ou tachées, bois mort, pourriture ou champignons apparents, gui), il est préférable de couper la branche touchée sans attendre. Vous distinguerez facilement les parties vivantes des parties mortes en grattant légèrement l'écorce avec l'ongle. Coupez sur une partie saine environ 10 cm au-dessous de la limite entre le bois malade et le bois sain. Un arbre, un arbuste ou un rosier correctement éclairci est bien moins sujet aux maladies et parasites qu'un buisson dense et touffu plein de vieux bois. J'ai pu me rendre compte personnellement que la taille dite « en nuage » (tradition asiatique) permettait à certaines espèces d'arbres d'être peu ou pas parasitées, alors que les mêmes plantes menées en haies aux abords immédiats étaient infestées (araignée rouge).

Les plantes vivaces

Taillez-les (ou rabattez-les pour certaines) au printemps ou en fin d'été et d'automne selon les espèces. Outre que cette taille permet un meilleur fleurissement et allonge la période de floraison, elle permet aussi de détruire un grand nombre de parasites (insectes, escargots, limaces) mais aussi ralentit le développement des mycéliums. Débarrassez-vous des fleurs et hampes florales fanées, si elles sont parasitées, et ne les introduisez pas dans le compost.

Les plantes grimpantes

Taillez régulièrement vos plantes grimpantes (lierre, vigne vierge, glycine, chèvrefeuille…). Renseignez-vous bien avant de tailler pour savoir sur quels types de rameaux apparaissent les fleurs ou les jeunes tiges. Ne taillez jamais en « sève montante ». Supprimez régulièrement les branches envahissantes. Ces végétaux peuvent être parfois un refuge pour les insectes parasites. En outre, ils sont souvent un abri pour les insectes nuisibles à l'homme (guêpes, frelons, moustiques, taons « mouches à viande »). Pensez à effectuer quelques traitements insecticides ou insectifuges préventifs, si possible naturels ou biologiques.

Un arbre correctement éclairci sera moins sujet aux maladies et parasites

La taille des arbustes

La taille des arbustes à petits fruits (framboisiers, cassissiers, groseilliers) ou celle de leurs « cousins » destinés à la décoration florale (*Ribes*) consiste en règle générale à supprimer les branches plus âgées et à sélectionner les mieux placées parmi les autres. Elle permet, comme pour les plantes vivaces, de se débarrasser des branches malades ou parasitées, mais aussi de nettoyer correctement les touffes des éventuels escargots, limaces, vers ou larves qui s'y réfugient.

Les plantes annuelles ou bisannuelles

Pour les plantes annuelles ou bisannuelles (potagères ou florales), il est préférable d'arracher immédiatement une plante malade lorsqu'elle se trouve en compagnie de plantes saines, afin d'éviter la transmission de la maladie aux autres (-sous l'action, entre autres, des pucerons et des insectes piqueurs). Il faut l'évacuer et ne jamais l'introduire dans le tas de compost. Si l'infection gagne tout de même, il faudra alors songer à traiter avec intelligence et discernement.

LES ASSOCIATIONS DE PLANTES DITES « BÉNÉFIQUES »

Elles consistent à cultiver côte à côte des plantes différentes qui s'aident mutuellement. La monoculture est un paradis pour les ravageurs et les maladies, aussi avez-vous intérêt à cultiver ensemble plusieurs espèces de plantes. L'œillet d'Inde (*Tagetes patula*) éloigne les aleurodes lorsqu'il est en fleur. Sa culture entre les pieds de tomate est conseillée depuis des générations par les « maîtres jardiniers ». Les oignons cultivés près des carottes éloignent la mouche de la carotte. Des choux alternant avec des haricots ou plantés sur un lit de trèfle (*Trifolium*) sont moins sensibles aux attaques de la mouche du chou ou du puceron. L'union d'un cultivar amélioré résistant à une variété sensible à une maladie est une approche prometteuse en grande production – tomates, concombres, cornichons, chrysanthèmes, tabacs d'ornement (*Nicotiana*), laitue. Les plantes qui attirent les prédateurs naturel des parasites doivent être installées afin de combattre naturellement les ravageurs (nématode, chrysope, coccinelle, araignées, syrphe). Il faut également favoriser la présence d'animaux utiles comme les grenouilles et les crapauds (bassin), les lézards et les hérissons (pierriers et tas de bois).

Planter à temps : le calendrier du jardinier

La prévention passe aussi par une bonne connaissance du calendrier des cultures et une bonne rotation de celles-

L'œillet d'Inde éloigne les aleurodes lorsqu'il est en fleur

ci. Semer ou planter arbustes, fleurs et légumes au moment opportun permet d'éviter les attaques des ravageurs. Dans les régions où sévit le mildiou de la pomme de terre, les primeurs échappent à ce fléau. Certains semis tardifs de pois ou de sauge permettent de lutter contre la tordeuse du pois ou le puceron noir. Le respect d'une rotation stricte des cultures de légumes permet non seulement une meilleure utilisation des nutriments, mais évite l'accumulation des nuisibles et des germes dans le sol. Cela est également recommandé pour les dahlias, cannas, glaïeuls, *Nicotiana*, sauges, chrysanthèmes, pois de senteur et autres coloquintes. Ne replantez jamais les rosiers, les

Ci-dessus : ne replantez jamais les pommiers au même endroit qu'une plante de la même espèce disparue ou arrachée volontairement

En haut à gauche : Plectranthus ciliatus. *Concernant la culture en pot, il est important de bien surveiller l'arrosage et le drainage*

À gauche : bette à carde rouge et fenouil constituent une bonne association

> ### *Préférez la fourche-bêche*
> Lorsque vous labourez au pied des arbres fruitiers et des arbustes, utilisez de préférence la fourche-bêche. Ainsi, vous ne blesserez pas les racines superficielles. La bêche plate traditionnelle peut provoquer dans les racines des blessures favorables au développement de champignons qui amènent des maladies parfois difficiles à soigner.

pommiers, les pêchers, les poiriers, les fraisiers au même endroit qu'une plante de la même espèce disparue ou arrachée volontairement. De jeunes plantes risquent en outre de ne pas pousser à cause d'une teneur élevée en ravageurs et en maladies dans le sol, alors que des plantes adultes auront développé une tolérance à ces ennemis.
On peut toujours essayer de cultiver de la grande euphorbe (*Euphorbia lathyris*) ou de l'*Incarvillea* afin d'éloigner les taupes, mais mon expérience dans la lutte contre les taupes me dit qu'il est très difficile de se débarrasser de ces petites bêtes fouisseuses. Je me suis rendu compte par ailleurs qu'elles n'apprécient pas les ronces (mûres) et les noyers.

Une lutte phytosanitaire raisonnée pour une bonne prévention

Après avoir pris toutes ces précautions et agi en harmonie avec la nature, le seuil de tolérance des insectes et des maladies – laissé à l'appréciation du jardinier – ayant peut-être été dépassé, il faut envisager alors de traiter. Le produit adapté devra alors être choisi en fonction du constat effectué et de la nouvelle législation. Au jardin familial, on peut supporter sans désagrément un certain taux d'envahissement par les parasites. Il sera souvent possible d'éliminer les plantes malades ou tout ou partie des plantes infestées. Il faudra veiller à ne pas se débarrasser de ces parties végétales abîmées en les incorporant au tas de compost afin d'éviter les foyers d'infection près de ses cultures. En revanche, au-delà d'une certaine densité de population d'insectes ou de champignons, la culture risque de subir des préjudices importants supérieurs au coût de l'intervention. Ce seuil doit être établi pour chaque culture ou chaque parcelle du jardin (potager, fruitier, jardinière, aire de jeux, etc.) et en fonction de l'ennemi concerné. C'est d'ailleurs ce que cet ouvrage nous permettra d'appréhender.
La première règle, et certainement la plus importante, que doit adopter le jardinier est de ne jamais utiliser de produits ne comportant pas la mention « Emploi autorisé dans les jardins ». Tous les produits qui ne comportent pas ce label « EAJ » sont interdits à la vente aux amateurs. Méfiez-vous des amis qui pourraient éventuellement vous procurer des produits dits « efficaces » employés par certains professionnels. Les produits conseillés par le « jardinage raisonné » sont en général des liquides, des poudres ou des granulés dont l'action est « douce », présentés de façon pratique pour l'amateur. (Sont exclus de la mention les produits toxiques, cancérigènes, mutagènes et les produits classés Xn – nocifs.) Ceux-ci doivent être vendus seulement dans les points de vente spécifiques, au rayon « produits amateurs » et séparés des produits professionnels (notamment dans les li-

bres-services agricoles). Un vendeur spécialisé, conseiller technique, devrait être à votre disposition pour vous guider dans vos achats.
Il existe bien sûr des inconditionnels du bio pur et dur, surtout présents dans certains quartiers de nos grandes cités ; ceux-ci cultivent rarement un potager. Ils mangent bio, achètent bio mais préfèrent confier la production de leurs légumes et fruits à des producteurs spécialisés (label AB) qui subissent quantité de contrôles. Le jardinier raisonnable pratique la culture biologique et expérimente dans son jardin avec beaucoup d'application les recettes et traitements naturels ainsi que les bons voisinages culturaux : il espère ainsi consommer sain, même s'il doit parfois faire de petites concessions, en utilisant un peu de désherbant, voire un pesticide léger ou un engrais « coup de fouet ».

Les différents produits

Les produits phytosanitaires sont des produits sélectionnés pour leur aptitude à détruire les divers ravageurs, maladies et végétation indésirable qui menacent le jardin. Dans les conditions normales d'utilisation, ces produits ne devraient altérer ni la santé du jardinier, ni celle du consommateur. Ils se subdivisent en fonction de leur cible :

› acaricides et ovicides, pour lutter contre les acariens (exemple : araignée rouge) ;
› insecticides, destinés à combattre les insectes. Ils ne doivent pas être pulvérisés pendant la période de floraison, afin de protéger les abeilles (même ceux qui sont autorisés en agriculture biologique) ;
› herbicides, utilisés pour la destruction de la végétation qui concurrence les cultures. Personnellement, je leur préfère la binette. Ils sont dits « sélectifs » lorsqu'ils sont efficaces contre les plantes indésirables sans effet pour la culture (désherbants gazons, antiliseron), peu efficaces contre les plantes parasites. Une surveillance des plates-bandes et des massifs nous permet d'éviter d'utiliser ces « désherbants ». Outre la suppression des adventices, le binage permet d'aérer le sol, de préserver sa fraîcheur, et sa vie microbienne ;
› hélicides, destinés à lutter contre les

Attention au surdosage !

Sont ainsi commercialisés aujourd'hui de nombreux produits phytosanitaires (insecticides, fongicides, antichloroses). Toutes les grandes marques de la « distribution jardin » possèdent une gamme complète de ces remèdes qui servent à prévenir, à guérir ou à « masquer » les principales maladies connues et à combattre avec plus ou moins d'efficacité les insectes prédateurs. Principe de précaution aidant, de nombreuses molécules chimiques qui pourraient être considérées comme nocives pour l'homme, les animaux ou l'environnement sont souvent très diluées dans des « mouillants », des liquides ou des poudres inoffensives. Certains produits peuvent alors se révéler inefficaces en cas d'infestation importante. La tentation est alors grande pour les jardiniers amateurs de se procurer des produits « professionnels » considérés comme plus efficaces, mais dont l'utilisation peut se révéler catastrophique pour l'homme comme pour les plantes, le sol ou la nappe phréatique. En règle générale, ces produits très concentrés, dont parfois les doses conseillées d'utilisation sont de quelques millimètres cubes pour mille litres d'eau (1 m^3), sont pratiquement inutilisables pour l'amateur (impossibilité de réaliser des mélanges conformes aux doses prescrites et donc danger de surdosage).

limaces et les escargots. Ils peuvent être parfois dangereux pour les enfants, les animaux domestiques ou la faune sauvage (pitié pour les hérissons !). Je leur préfère de loin le piégeage ;

› nématicides, destinés à lutter contre les nématodes pathogènes (au voisinage des racines) ;

› raticides, destinés à lutter contre les rongeurs (rats, souris, mulots) ;

› taupicides, favorisant l'élimination des taupes. Je ne connais aucun produit réellement efficace.

Quand et comment traiter ?

En règle générale, ne traitez que si cela s'avère nécessaire, évitez de le faire systématiquement. Il faut lire très attentivement la notice d'emploi et respecter scrupuleusement les doses conseillées, les périodes de traitement et s'assurer des bonnes conditions météorologiques.

Les alternatives aux traitements chimiques

De nombreuses alternatives aux traitements chimiques existent, comme les méthodes de lutte intégrée ou biologique qui nécessitent cependant une organisation sérieuse et de bonnes relations de voisinage ou l'utilisation de nombreux extraits végétaux de type « purins » d'ortie, extraits fermentés,

Code de bonne conduite en cas d'utilisation de produits phytosanitaires

› Ne mélangez jamais plusieurs produits, sauf indication du fabricant. En effet, certaines substances peuvent, en mélange, créer des réactions chimiques dangereuses pour l'utilisateur et son environnement.

› Interdisez-vous tout surdosage.

› N'employez jamais un produit pour un autre usage que celui mentionné sur l'emballage.

› Ne récoltez jamais après avoir traité. Attendez au moins 5 jours pour les légumes, 8 à 10 jours pour les fruits, 2 à 3 jours pour les fleurs destinées à la bouquetterie.

› Ne traitez pas par grand vent, ni par forte chaleur, ni par temps instable et humide ni en cas de gel.

› Abstenez-vous de manger, boire ou fumer quand vous traitez.

› Ne traitez pas près d'une piscine, d'un bac à sable, d'une basse-cour ou de jeux d'enfants.

› En cas de traitement sur balcons, terrasses ou jardinières suspendues, informez votre voisinage.

› Surveillez vos animaux de compagnie et faites attention à la faune sauvage utile.

› Après chaque utilisation, refermez soigneusement les différentes bouteilles, bidons ou autres flacons de produit dans leur emballage. Rangez-les ensuite à l'abri de la lumière, de la chaleur et de l'humidité dans un local aéré, hors de portée des enfants et des animaux et cela même pour les produits dits biologiques.

› Rincez abondamment votre matériel de traitement.

décoctions, infusions et autres macérations de prêle, de fougère, de consoude, de pissenlit ou de pelure d'ail et d'oignon.

Des récents travaux (à l'initiative de nos amis de la « Confrérie de l'ortie ») ont clairement démontré que le principal intérêt des extraits végétaux était de stimuler la croissance de la plante, mais aussi ses défenses immunitaires. On nomme cela l'effet *éliciteur* : en apportant les éléments nécessaires à la revitalisation de la plante, on améliore sa résistance et son rendement. En outre, certaines décoctions ont réellement un effet *insectifuge* et reverdissant. Le purin d'ortie, entre autres utilisés en culture biologique, est d'une efficacité incontestée et reconnue depuis des générations.

Des plantes systématiquement cultivées pendant plusieurs années de suite peuvent aussi être d'excellents insectifuges, comme le pyrèthre, l'œillet d'Inde, la mélisse ou certaines alliacées ou liliacées ; d'autres attirent les prédateurs naturels des insectes, comme la gaillarde, la phacélie, la carotte ou le *Limnanthes douglasii*.

L'utilisation préventive et curative de la **bouillie bordelaise** (contre les maladies cryptogamiques) et la **décoction de tabac** (jus de nicotine) contre les insectes peut être envisagée.

Le **piégeage** peut être également une solution de substitution à certains traitements. Plusieurs dispositifs existent qui permettent de lutter contre les insectes grimpants des arbres fruitiers, des arbustes ou rosiers tiges : des colliers enduits de glu ou de répulsifs sont installés autour des troncs des ligneux à protéger. On peut également se procurer des pièges à phéromones. Ceux-ci permettent de lutter efficacement contre le carpocapse (papillon dont la chenille se développe dans les fruits). Le principe est simple : une capsule imprégnée de phéromones (hormones sexuelles) est placée dans le piège. Elle attire les carpocapses mâles qui vont s'engluer sur la plaque prévue à cet effet. Il existe aussi, sur le même modèle, un piège contre la mouche de la cerise et contre la mouche de l'olivier. En cas de forte attaque, il est cependant conseillé de traiter parallèlement avec un insecticide à base de roténone (cette matière active extraite de plantes exotiques de la famille des légumineuses : *Derris* et *Lonchocarpus*, est très efficace).

Contre les aleurodes (mouches blanches), les moucherons et les pucerons peuvent être installés des pièges en plaque engluée, sans insecticide, de couleur jaune. Cette « teinte » a été spécialement étudiée pour attirer les insectes ailés en serre, sous châssis, dans les vérandas et sur les balcons. Dans un grand jardin, elles sont moins efficaces et surtout très inesthétiques. Des traitements préventifs à base d'extraits de prêle peuvent être faits dans tout le jardin pour lutter contre les maladies fongiques.

La lutte biologique est bien sûr la plus naturelle contre les insectes nuisibles. On utilise des insectes auxiliaires, sélectionnés à partir d'espèces vivant dans la nature. Commercialisés, ils sont déjà utilisés par de nombreux professionnels des espaces verts publics et depuis plusieurs années en maraîchage et floriculture.

Les **insectes utiles** sont une façon écologique de lutter contre les insectes nuisibles. Ainsi, les coccinelles sont très utiles contre les pucerons. Le principe est simple : il suffit de lâcher des larves de coccinelles sur les foyers de pucerons pour empêcher leur prolifé-

Insecticides à l'ancienne

La nature peut nous procurer des principes actifs antiparasitaires connus de nos anciens et remis au goût du jour par les jardiniers « bio ». Il s'agit des purins, décoctions, extraits fermentés, infusions et macérations de plantes (ortie, achillée, consoude, fougère, prêle, pyrèthre, tanaisie, etc.) dont certains, préparés par des professionnels, sont actuellement en vente en « jardineries » dans des contenants adaptés à l'utilisation au jardin familial.

Nous pouvons également, avec un peu de pratique et beaucoup de précautions, réussir à confectionner nous-même ces extraits. On ne peut pas toujours réaliser du premier coup ces préparations et fermentations.

Il ne faut pas non plus les considérer comme des panacées. Ces recettes font simplement partie des bonnes pratiques mais parfois il vaut mieux ne rien faire du tout et la nature peut retrouver toute seule son harmonie. Le grand avantage de ces extraits naturels, c'est d'être biodégradables à 100 %.

Pour bien réussir ses préparations, il vaut mieux employer en priorité de l'eau de pluie ou de l'eau non calcaire (parfois, une eau calcaire améliorée avec du vinaigre d'alcool peut faire l'affaire). Il faut correctement soutirer et filtrer les mélanges. Les récipients destinés à recevoir la fermentation doivent être au minimum de 50 litres (poubelles, cuves) en Inox ou en plastique (pas de seaux métalliques ni de cuves en bois).

Le purin d'ortie est certainement l'**extrait fermenté** le plus confectionné par les jardiniers des jardins ouvriers et des zones rurales.

À la différence des extraits fermentés, les **décoctions** sont obtenues en faisant bouillir les plantes. Les points clés de la réussite sont : la qualité de l'eau, le respect du temps d'ébullition, variable selon les plantes, et la présence d'un couvercle afin de ne pas perdre des éléments précieux. La décoction est souvent la seule capable d'extraire certains composants actifs contre des maladies ou des ravageurs.

Les **infusions** sont moins utilisées, mais parfois plus efficaces. On ne stocke pas d'infusion, contrairement aux extraits fermentés et aux décoctions. Comme pour le thé ou la tisane, on plonge des plantes dans de l'eau bouillante ou dans de l'eau froide que l'on arrête à ébullition. On met alors un couvercle. On laisse infuser jusqu'à refroidissement avant de filtrer.

Les **macérations**, appelées aussi « extraits à l'eau froide », consistent tout simplement à laisser tremper les fragments de plantes dans l'eau à température ambiante pendant 24 heures seulement. Les macérations sont essentiellement fongicides, mais offrent parfois des propriétés stimulantes pour la chlorophylle (ne stockez jamais une macération, sinon elle fermente). Pratiquement, on réalise essentiellement des macérations de rhubarbe, de capucine ou de raifort.

Pour toutes ces préparations d'extraits végétaux, il faut utiliser des plantes qui poussent autour de chez vous en abondance, des plantes indigènes à la végétation dynamique. Évitez de stocker ou faire voyager trop longtemps les feuilles, fleurs ou racines destinées à ces préparations. La fraîcheur des prélèvements dans la nature est importante pour une bonne réussite. Toutefois, le recours à l'herboristerie peut être envisagé pour la prêle ou l'ortie.

Vous trouverez tout au long de cet ouvrage des conseils de confection et d'utilisation de ces méthodes de prévention ou de lutte, naturelles, adaptées à chaque maladie ou prédateur concerné.

ration. D'autres insectes sont actuellement à la disposition des jardiniers contre la mouche blanche, les cochenilles, les thrips et les acariens ravageurs. Ils sont en vente sur les catalogues spécialisés ou dans certaines jardineries possédant un « rayon bio ». Attention cependant à posséder une surface cultivée d'une importance convenable (au-dessus de 300 m^2), entourée si possible d'une haie vive, et de ne jamais traiter, même une portion infime du jardin (y compris avec des insecticides biologiques). Cette méthode de lutte est inadaptée aux plantations sur terrasses, aux jardinières suspendues et aux balcons fleuris. Pour bien réussir la lutte biologique, il ne faut pas avoir en voisinage immédiat de grandes cultures agricoles ou des particuliers adeptes des traitements chimiques.

Si vous êtes dans un univers urbain (béton, autoroute, voies ferrées, parkings non végétalisés), je vous déconseille l'expérience.

Capucines, plantes témoins pour les pucerons

Fiches des maladies et parasites

Acariens

Araignées rouges, araignées jaunes, tétranyques

Araignées rouges © G. Blondeau/ Climax

Page ci-contre : poirier sain

Alerte

Les araignées rouges et tous les acariens voisins se nourrissent de sève. Leurs piqûres affaiblissent les tissus végétaux.

Les feuilles deviennent transparentes et prennent une couleur grise satinée. La plante meurt empoisonnée par la salive que les acariens injectent en se nourrissant.

Un grand nombre de plantes potagères telles que les aubergines ou les haricots peuvent être atteintes. La quasi-totalité des arbres fruitiers peut également être infestée, notamment : pêchers, pruniers, poiriers et pommiers. Tous les arbres et arbustes d'ornement (conifères, rosiers, tilleuls...), les plantes de décoration estivale, notamment les ageratums, de même que la vigne sont régulièrement attaqués. Les plantes dépérissent rapidement, les fructifications sont compromises.

Les attaques sont d'autant plus graves que l'année est chaude et sèche.

Description, observation

Les espèces les plus fréquentes au jardin familial sont : les araignées rouges (*Panonychus ulmi*) dont les femelles, visibles à l'œil nu, mesurent de 0,4 à 0,7 mm de long et le tétranyque tisserand (*Tetranychus urticae*), jaune clair et plus rouge en automne, qui est redoutable surtout en serre ou dans les châssis.

Les araignées rouges hivernent à l'état d'œuf dans le vieux bois, les ceps de vigne et dans les cicatrices autour des bourgeons.

Les araignées jaunes, qui peuvent avoir plusieurs générations par an, hivernent dans les anfractuosités des écorces. Elles tissent des toiles en surface des plantes ou entre leurs feuilles.

PRÉVENTION

› Maintenez l'humidité au pied des rosiers grâce à un paillage. Les roses *polyantha* et *floribunda* sont plus sensibles à l'araignée rouge.

› Évitez les fertilisations trop azotées (les engrais à gazon par exemple).

› Effectuez un traitement d'hiver sur les arbres fruitiers, acaricide et ovicide, à base d'huile blanche de pétrole.

› L'utilisation de produits soufrés contre l'oïdium limite les populations d'acariens.

› L'extrait fermenté ou la décoction de lierre (1 kg de feuilles pour 10 litres d'eau) peuvent être utilisés en traitement préventif, dilués à 5 %.

› Le purin d'ortie repousse les acariens.

› L'extrait fermenté de prêle est un excellent répulsif contre l'araignée rouge.

› Aspergez régulièrement le feuillage des rosiers, des arbres et des arbustes

Acariens des gazons

Les aoûtats qui envahissent nos pelouses sont également des acariens. Désagréables pour l'homme, ils nécessitent des traitements pharmaceutiques spécifiques. Maintenez votre gazon humide en l'arrosant copieusement et régulièrement.

Attaques de bulbes

Les acariens blancs, en forme de poire, attaquent les bulbes de dahlias, de lis et de jacinthe. Ils prolifèrent lors du stockage hivernal. Veillez à entreposer les tubercules et oignons dans un local sain et aéré et appliquez sur ceux-ci une poudre à base de roténone.

d'ornement avec de l'eau (sous les feuilles).

TRAITEMENT

› Au verger, implantez des auxiliaires prédateurs d'acariens (*Phytoseiulus persimilis* et anthocorides ou punaises). En cas de pullulation, traitez avec des huiles minérales avant le bourgeonnement et avec du pyrèthre ou de la roténone dès juillet.

› Appliquez sur les rosiers, juste avant le début de la végétation, une huile paraffinique.

› Une infusion à froid de feuilles et de racines d'orties à raison de 300 g dans 10 litres d'eau pendant deux jours, pulvérisée diluée à 10 %, limite l'infestation sur les plantes potagères et florales.

› Arrachez et détruisez les ageratums parasités.

› Utilisez des produits spécifiques acaricides. Il n'est pas indispensable de traiter de façon systématique. Le nombre des applications est à moduler en fonction des conditions climatiques et du produit utilisé. Pulvérisez l'ensemble du feuillage jusqu'à la limite du ruissellement sur et sous les feuilles.

› Pour les plantes d'appartement en pot, il suffit bien souvent de pulvériser de l'eau fraîche régulièrement pour se débarrasser des acariens.

La lutte contre les acariens qui attaquent les plantes en pot

Sachez que ces derniers prolifèrent avec la chaleur et détestent l'humidité. Placez les pots dans la douche ou sur un balcon et brumisez les feuillages par le dessous, quotidiennement, durant quelques jours. Cela devrait suffire à éliminer les indésirables.

Accidents climatiques

Bette à carde rouge dont les feuilles sont tachées sous l'action de l'eau et du soleil

Alerte

› Le gel : tous les jardins ne sont pas soumis aux mêmes conditions climatiques ni aux mêmes intempéries hivernales. Entre Lille, Grasse, Vézelay, Nantes et Strasbourg, la composition tant florale que potagère et fruitière de nos jardins diffère. Les gelées ne frappent pas toujours dangereusement certaines régions. Les végétaux qui y poussent régulièrement sont acclimatés. Seules les gelées printanières sont destructrices pour les floraisons et les futures fructifications. En règle générale, on ne taille pas ses rosiers avant le 15 mars au nord de la Loire pour éviter le gel des jeunes pousses. Au printemps, beaucoup de plantes (pommes de terre, haricots, dahlias, aromatiques, salades) peuvent souffrir de gelées tardives. Le froid peut entraîner la chute prématurée des fleurs, la perforation du limbe des jeunes feuilles, des déformations foliaires, le noircissement des jeunes pousses. Chez l'hortensia, les feuilles ayant souffert du froid se plient en gouttière vers le bas.

› La neige : elle peut être très utile l'hiver pour protéger certaines plantes en dormance, en créant une couverture qui les protège du gel. Cependant, la neige sur certains arbres et arbustes per-

Les saints de glace

Les 11, 12, 13 mai sont trois journées considérées par les jardiniers comme néfastes, si bien qu'on recommande de semer bien plus tôt ou plus tard, afin, pense-t-on, que les jeunes pousses ne fassent pas leur apparition à l'aube de ces trois journées. Plusieurs hypothèses ont été émises sur ce « petit hiver » redouté. Il est vrai que les nuits de ces trois jours sont souvent très fraîches. La sagesse des anciens nous recommande de ne pas sortir les plantes fragiles avant la fin des « saints de glace ».

sistants peut entraîner des brûlures. Le poids des branches chargées de neige peut les faire éclater et s'arracher du tronc. Les jeunes arbres fraîchement plantés et peu enracinés peuvent se coucher.

› Les chocs thermiques : ils sont le résultat de brusques variations de température. Pour les plantes d'appartement (notamment les ficus et les citrus), ils se traduisent en général par une brusque chute des feuilles. Pour les pélargoniums (géranium des jardins) sortis trop tôt de serre ou de la véranda, les feuilles deviennent orange, rougissent puis souvent se détachent.

› Les coups de soleil : ils entraînent la mort d'une bande longitudinale du tronc des arbres sur le côté qui fait face au soleil.

› La grêle : elle peut lacérer les feuilles, mutiler les tiges, provoquer la formation de taches blanches puis brunes. Les plantes à larges feuilles (cannas, ricins, hostas, bananiers, etc.) sont plus sensibles à la grêle. Sur le raisin, la grêle favorise le développement des champignons et des moisissures.

› Le vent, les courants d'air : au printemps, les vents secs, qui stimulent la transpiration des plantes, à un moment où le sol encore froid ne permet pas une alimentation suffisante en eau, peuvent favoriser la mort des jeunes pousses. Les arbres feuillus qui se trouvent plantés entre deux bâtiments ou entre une haie de conifères et un bâtiment peuvent perdre prématurément leurs feuilles, si ce couloir est utilisé par les vents dominants. Les plantes d'appartement ne supportent pas les courants d'air, même non perceptibles par l'habitant (fenêtres ou vérandas mal isolées). Les vents de mer, chargés de sel, entraînent des brûlures du feuillage et gênent le développement des végétaux.

› Inondations : une brusque montée des eaux, si elle n'est pas suivie dans les deux ou trois jours qui suivent par une évacuation, peut entraîner l'asphyxie des racines de nombreux arbres et favoriser le développement des champignons et des bactéries.

› Modifications climatiques : depuis quelques années, nous sommes sensibles aux modifications climatiques engendrées par les activités humaines (canicule, tornade, excès de pluie...). Une transformation de nos méthodes de culture et l'acclimatation de certaines plantes autrefois incultivables dans une grande partie de l'Hexagone (olivier, chêne-liège, kaki,palmier, certaines sauges, légumes exotiques, etc.) va considérablement changer l'aspect du jardin familial. Des ravageurs, des maladies, des plantes adventices aujourd'hui encore inconnus sous nos climats vont apparaître. La sécheresse et une mauvaise alimentation en eau des arbres fruitiers favorisent le *liège*, une maladie physiologique des fruits appelée « bouchon » qui se manifeste fréquemment chez les pommes. Elle est caractérisée par la présence, dans la chair du fruit, d'amas liégeux qui ont un goût amer.

› Microclimat de l'habitat : les plantes dites d'intérieur aiment l'ambiance de la salle de bains et de la cuisine. Elles redoutent cependant les vapeurs de cuisson, notamment des farines et féculents qui déposent sur les feuilles une mince pellicule qui les empêche de bien respirer. Ces plantes, souvent d'origine tropicale, désirent une humidité relative de l'air, elles n'apprécient pas le chauffage par le sol, elles préfèrent le chauffage au gaz et une grande luminosité. Elles redoutent les climatisations estivales excessives (attention aux chocs thermiques). Ces plantes aiment, en ville, prospérer dans le climat des salons de coiffure et des teintureries.

Prévention

› Protégez vos plantes gélives par des paillages, des couvertures de branchages et des voiles de forçage ou d'hivernage.

› Faites tomber au sol la neige qui se dépose sur les arbres persistants (notamment les camélias), secouez-les !

› Ne labourez jamais un jardin enneigé, la neige recouverte de terre ne fond pas (« on enterre le froid », disaient les anciens). Au printemps, les semis auront du mal à lever.

› Ne déplacez pas une plante d'intérieur qui se plaît en un lieu. Elle pourrait être sujette à un choc thermique ou à un courant d'air.

› Ne sortez pas trop tôt de leurs abris les plantes protégées pendant l'hiver. Au potager, ne soyez pas pressé. Une plante semée trop tôt peut parfaitement prendre un retard de végétation, comparée à une autre semée à la période recommandée.

› Nettoyez et cicatrisez les plaies des arbres et des arbustes ayant subi un orage de grêle. Un traitement préventif à la bouillie bordelaise peut être effectué une semaine après la grêle.

› Protégez votre jardin des vents dominants par la plantation d'une « haie brise-vent ».

› Pour prévenir les coups de soleil, il sera parfois utile d'entourer les troncs des arbres de paille.

› Pensez à installer des humidificateurs d'ambiance sur les radiateurs de l'appartement.

Traitement

› Suite aux gelées, à la grêle ou à la foudre, les ligneux sont souvent ébranchés, les bois sont éclatés, des crevasses peuvent se former. Nettoyez correctement ces plaies, cicatrisez-les. Surveillez plus que de coutume l'apparition des insectes et des maladies (traitez en conséquence).

› En cas de canicule, préférez les brumisateurs ou les rampes d'arrosage perforées aux arrosages copieux.

› Ne déneigez jamais votre jardin avec du sel, qui entraîne de graves brûlures sur les plantes. Utilisez des déneigeants adaptés au contact avec les végétaux (magasins spécialisés bricolage ou jardinage).

Ipomoea indica *'Édith Piaf' redoute énormément la sécheresse*

Aleurodes

Trialeurodes vaporarium

Autrefois, cette petite mouche appelée « mouche blanche des serres » ne sévissait que sous abri. Acclimatée, on la voit virevolter au jardin autour de plantes qui souvent ont été abritées pendant l'hiver (fuchsia, lantana, sauge, etc.). Elles nichent parfois sous les feuilles des légumes (fraises, courgettes). Leurs dégâts sont souvent négligeables, mais sous abri, une forte infestation peut entraîner la mort des plants.

Alerte

Les aleurodes forment de petits nuages de moucherons blancs autour des plantes lorsqu'on les touche.
L'aleurode pond sur les jeunes feuilles. Une quinzaine de jours après la ponte, les œufs éclosent et, pendant deux mois environ, la larve vit sous la feuille (taches de succion, miellat, fumagine).

Description, observation

L'aleurode se reconnaît à ses ailes blanches, nacrées, étalées au repos. L'insecte ne dépasse guère 5 mm et s'envole lentement dès que l'on secoue la plante dont il suce la sève.

Prévention

› Les aleurodes apprécient la chaleur et la sécheresse. Maintenez une humidité constante autour des légumes (notamment par le paillage).
› Traitez préventivement avec de l'extrait fermenté de tanaisie (*Tanacetum*).
› Plantez des *Nicandra physaloides* (faux coqueret) ou des *Nicandra violacea*, plantes de la famille des solanacées qui ont la propriété de repousser les aleurodes.

Traitement

› Piégez avec des panneaux de matière synthétique imputrescibles, englués de couleur jaune citron, attractifs pour ces parasites (suspendez-les à 1 m du sol).
› Un jet d'eau savonneuse, orienté sous les feuilles, limite les populations.
› Traitez avec une décoction de tabac additionnée d'huile végétale (un verre d'huile de colza pour 10 litres de jus de tabac).
› Des insecticides polyvalents qui agissent par contact et par ingestion ont un excellent effet de choc (alphaméthrine). Ne les utilisez qu'en cas de grande infestation.

© D. Blancard/ INRA

Insectes auxiliaires

Sous abri, on peut implanter des insectes auxiliaires prédateurs : *Encarsia, Macrolophus*. Mais la technique exigée n'est pas à la portée des jardiniers peu équipés.

Algues, lichens et plantes parasites

Evernia
© G. Blondeau/ Climax

Les algues et les lichens parasites sont rares sous nos climats, on les rencontre plus facilement dans les régions chaudes et humides. Mais, dans nos contrées, les plantes de pépinières placées dans une atmosphère humide peuvent porter sur leur tronc un enduit vert d'algues ou des productions grisâtres de lichens. On peut découvrir ces plantes parasitées en jardinerie ou dans les « fêtes des plantes ». Les lichens peuvent parasiter les arbres fruitiers et d'ornement dans certaines régions humides comme la côte aquitaine, la Bretagne, la Normandie, la Vendée ou le Morvan.

Les plantes parasites sont, sous nos climats, des phanérogames comme le gui (*Viscum album*) et l'orobanche (*Orobanche hederae*).

Il ne faut pas confondre les plantes parasites avec les plantes adventices (mauvaises herbes) qui, bien qu'elles infestent parfois nos jardins en nous posant de nombreux problèmes de culture (peste végétale), ne sont pas des parasites des végétaux.

Les mousses sont parfois considérées à tort comme parasites des gazons, comme les algues des pièces d'eau qui nuisent à l'ornement des jardins et provoquent parfois des fermentations putrides.

Lobaria
© *G. Blondeau/ Climax*

Le gui, une plante symbolique

Le gui du chêne est très rare mais il est très connu à cause de l'importance que lui attribuaient les prêtres celtes (les druides) qui lui conféraient plusieurs vertus pharmaceutiques. Cette plante toujours verte en hiver était le symbole du renouveau et de l'immortalité.

ALERTE

› Les pots de terre, les bacs à fleurs provenant de serres sont parfois recouverts d'une pellicule verdâtre, glissante sous les doigts, salissante et tachante. Des taches vertes ou grisâtres sont présentes sur les troncs.

› Le gui, curiosité botanique, n'est pas une plante parasite dangereuse. Elle accompagne souvent les arbres vers leur déclin. On le rencontre sur les pommiers, les peupliers, les robiniers (faux acacias), les tilleuls, les saules, les aubépines, les chênes et même parfois sur les pins et les sapins.

› Les lichens parasitent dans nos jardins surtout les arbres fruitiers de la famille des rosacées (cerisier, pêcher, prunier, pommier, poirier, etc.).

DESCRIPTION, OBSERVATION

› Le gui ou *Viscum album* est une plante parasite bien connue très recherchée au moment de Noël pour la décoration des appartements. Ses feuilles sont planes, épaisses, parfois réduites à des écailles. Il possède de petites baies blanches à l'aisselle des nœuds.

› L'orobanche est une plante dépourvue de chlorophylle qui parasite de nombreuses plantes comme le lierre, l'armoise, la centaurée scabieuse, le genêt (*Genista cinerea*). Sa souche implantée par des suçoirs sur les racines des plantes émet des tiges raides, écailleuses, porteuses d'épis de fleurs parfois décoratives.

Pommier 'Calville blanc'

› Les algues sont des plantes de formes et de dimensions diverses vivant dans l'eau ou sur les troncs humides.

> *Les orobanches*
>
> Certaines orobanches ont été autrefois cultivées pour leur aspect ornemental. Les jardiniers les semaient côte à côte avec leurs hôtes annuels ou au voisinage des racines pour leurs hôtes vivaces.

› Les lichens sont des associations d'algues et de champignons vivant en symbiose, ils peuvent même coloniser les roches nues et les murs.

PRÉVENTION

› L'utilisation d'extraits végétaux éliciteurs est largement recommandée. Ces produits stimulent la croissance et les défenses immunitaires des plantes. Sur un végétal en bonne santé, la pression parasitaire est faible.

› Hormis peut-être l'orobanche qui apparaît sur les plantes en bonne santé, le gui, les algues et les lichens ont tendance à parasiter soit des plantes déjà âgées et fatiguées, soit des végétaux cultivés en pots dans des conditions défavorables.

› Les oiseaux, par leurs déjections, transportent les graines du gui d'un arbre à l'autre.

TRAITEMENT

› Les boules de gui peuvent être retirées en hiver, en prenant soin de creuser le bois parasité avec des outils adaptés bien tranchants. La plaie devra être désinfectée dans un premier temps avec de la bouillie bordelaise ou du sulfate de fer, puis, par temps sec, recouverte d'un mastic à cicatriser. Vous pouvez également supprimer les branches parasitées sans trop déséquilibrer l'arbre attaqué.

› Les algues peuvent être combattues avec des sels de cuivre et les mousses avec du sulfate de fer.

› Brossez les troncs des arbres parasités par les lichens avec une brosse métallique puis pulvérisez sur ceux-ci du sulfate de fer. Au printemps, badigeonnez-les avec de la chaux.

Anthonomes

Anthonome du pommier, clou de girofle (Anthonomus pomorum), anthonome du poirier (Anthonomus pyri)

Alerte

Les boutons floraux cessent leur évolution au printemps, restant fermés. Les dégâts de l'anthonome du pommier sur les bouquets de fleurs, très caractéristiques, sont connus de tous et désignés sous le nom de « clou de girofle ».

Une seule larve de l'anthonome du poirier peut supprimer la floraison d'une dizaine de fleurs.

Les adultes s'alimentent en lardant de piqûres les bourgeons, les dards et les lambourdes (rameaux à fruits et rameaux à fleurs).

Sur le poirier, les feuilles mordillées se dessèchent complètement.

Description, observation

Ces charançons peuvent mesurer de 4 à 7 mm. Leur importance d'infestation dépend essentiellement des conditions climatiques. Ils préfèrent les printemps frais et pluvieux. Au contraire, un printemps sec et chaud avec une floraison rapide leur est peu favorable.

La femelle pond à la fin du mois de septembre dans les boutons formés. Les larves blanches qui naissent se nourrissent des organes floraux en dormance.

Anthonome du pommier © R. Coutin/Opie

Les pommes sensibles

Parmi les variétés de pommes dont le départ de végétation correspond le mieux au cycle évolutif du clou de girofle, on peut citer les différentes calvilles et les reinettes dont la célèbre 'reine des reinettes' qui est fréquemment parasitée.

Prévention

› Avant la floraison, effectuez une pulvérisation d'un insecticide à base de deltamethrine.

› Récoltez et brûlez les boutons floraux desséchés.

Traitement

› En septembre, puis éventuellement fin février, pulvérisez une pyréthrine faite de cypermethrine à raison de 10 ml du produit commercial pour 10 litres d'eau.

Balais de sorcière

Les proliférations

© R. Coutin/Opie

ALERTE

Les « proliférations » ou « balais de sorcière » se caractérisent par le débourrement anticipé des bourgeons qui donnent des pousses secondaires qui elles-mêmes se ramifient. Les feuilles sont plus petites, déformées, allongées. L'ensemble de cette attaque virale prend la forme extérieure bien réelle d'un « balai touffu » (comme les balais de bouleau autrefois employés dans les jardins). Cette maladie peut apparaître dans votre verger sans aucune raison. Elle possède un mode de dissémination fort mal connu.

PRÉVENTION

Bien que certains indices suggèrent l'existence d'un agent de dissémination de la maladie, aucun insecte transmettant le virus n'a été identifié. Les orages de grêle et les traumatismes dus à des chocs ou des blessures pourraient favoriser le développement des balais de sorcière. Maintenez votre jardin en bonne santé et protégez vos végétaux des blessures.

Les fruits mûrissent mal, sont peu abondants et restent petits. Des amendements organiques et des produits antidépérissement à base de fer peuvent être conseillés.

TRAITEMENT

Lorsque cela est possible, coupez la branche atteinte et brûlez-la. Un arbre parasité peut vivre cependant pendant de nombreuses années avec cette virose.

Balanin des noisettes

Balaninus nucum

Voici un redoutable petit charançon qui nous prive de la dégustation de nos noisettes alors que le noisetiers semblent en parfaite santé.

© G. Blondeau/ Climax

Alerte

Ce petit coléoptère perfore les fruits dans lesquels il pond. La larve blanc crème à tête brune y dévore la noisette. Les très jeunes fruits tombent prématurément.
Les insectes apparaissent en mai-juin après la formation des noisettes.
Après une courte période d'alimentation durant laquelle elle s'attaque aux feuilles, la femelle à l'aide de son rostre perfore la jeune noisette pour y déposer son œuf.

Description, observation

Comme tous les charançons, le balanin possède des pièces buccales qui sont portées sur un prolongement avant de la tête, très caractéristique, composant un rostre effilé redoutable.

> ### *Le balanin des châtaignes*
>
> Une espèce voisine, appelée balanin du châtaignier, attaque les châtaignes. Elle est plus difficile à éliminer. Seules les façons culturales régulières détruisent une partie des larves enfouies en terre.

Prévention

› Travaillez le sol autour des arbres à l'automne. Le balanin hibernant dans la terre, ramassez et brûlez tous les fruits atteints et tombés au sol, procédez à un labour ou un griffage superficiel.

› Comptabilisez les coléoptères en mai en secouant les branches de noisetier au-dessus d'un linge clair. Si vous dénombrez une grande quantité de balanins, pensez à traiter.

Traitement

› Avant les labours d'hiver, épandez un peu de sulfate de fer.

› Effectuez deux ou trois traitements dès l'apparition des balanins en utilisant de la roténone ou de la pyréthrine.

› Si les dégâts sont très importants, il peut aussi être envisagé un traitement sur le feuillage en mai avec un insecticide de contact comme l'alphamethrine.

Blanc

Les blancs, oïdiums, érysiphacées

Ces champignons de la famille des érysiphacées entraînent une maladie très connue des jardiniers, surtout des amateurs de rosiers et des cultivateurs de pommiers, appelée oïdium ou « blanc ». Le mycélium de ce champignon, incolore, est généralement externe. Il se développe à la surface des feuilles, jeunes rameaux, fleurs ou fruits. Les espèces de « blancs » sont nombreuses, les plus connues sont : l'oïdium de la vigne, l'oïdium du rosier, l'oïdium du pommier, le blanc du chêne, le blanc de l'artichaut, le blanc des groseilliers à maquereau.

Oïdium © D. Blancard/ INRA

ALERTE

Sur les feuilles, les jeunes pousses et les grappes de la vigne, le blanc se caractérise par une poussière grisâtre. Les grains attaqués très jeunes peuvent se flétrir et se dessécher, plus âgés, éclater et pourrir ; les feuilles se déforment.

› L'oïdium du rosier (*Sphaerotheca pannosa*) forme des efflorescences blanches sur les feuilles, les jeunes pousses et les boutons floraux.

› L'oïdium du pommier (*Podosphaera leucotricha*), très répandu, se caractérise par l'apparition d'un revêtement blanc farineux sur les pousses. Les fleurs « coulent » le plus souvent. Les feuilles fortement parasitées brunissent et tombent.

› Le blanc du chêne, apparu en France dans les années 1900, se manifeste par une pulvérulence blanche qui recouvre les jeunes rameaux.

› Le blanc du groseillier appelé aussi « oïdium américain » ou *Sphaerotheca mors-uvae* est surtout grave sur les groseilliers épineux. Cette maladie apparaît en juin sous l'aspect d'un duvet blanchâtre qui s'épaissit et devient pulvérulent à la surface des feuilles, des fruits et du jeune bois. La récolte peut être entièrement perdue. Les fruits pourrissent et deviennent inconsommables.

› D'autres blancs, *Erysiphe polygoni* et *Erysiphe cichoracearum,* attaquent de nombreuses plantes comme les pois, les cucurbitacées (courges) et les composées (dahlias, chrysanthème, topinambour). Le *Phyllactinia suffulta* affecte les feuilles de divers arbustes (noisetiers, frênes, fusains, etc.) ; le *Leveillula taurica* se rencontre sur de nombreuses plantes annuelles ou vivaces de décoration florale, entraînant en particulier le blanc de l'artichaut.

PRÉVENTION

› Pour la vigne, les pommiers, les rosiers, les groseilliers et les arbustes d'ornement, dès la chute des feuilles, supprimez les extrémités des pousses malades et éclaircissez les branches, houppiers ou buissons trop touffus, pulvérisez de la bouillie bordelaise avant et après l'hiver.

› Pour les plantes molles, annuelles ou vivaces : nettoyez en supprimant correctement les feuilles et boutons floraux malades (ne les introduisez pas dans le tas de compost).

› Évitez les plantations trop denses ou en taillis.

› Choisissez des variétés de rosiers ou fruitières moins sensibles à l'oïdium et installez les rosiers dans des endroits aérés et ensoleillés.

› Pour les plantes potagères ou à massifs, évitez les arrosages directs ou en pluie (surtout à l'ombre), privilégiez l'arrosoir au pied ou utilisez les « goutte-à-goutte ». Ce champignon est favorisé par un climat doux et humide. Évitez les fertilisations trop azotées (engrais pour gazon par exemple), privilégiez les fertilisations à base d'engrais organique.

› Badigeonnez les troncs et les branches des ligneux en hiver avec un mélange d'argile et de décoction de prêle.

Produit soufrés

Les produits à base de soufre sont en général non classés dans la liste des substances dangereuses du Code-santé et bénéficient souvent du label « Nature et progrès ». Ils peuvent être insecticides contre les araignées rouges.

TRAITEMENT

› Dès les premiers symptômes au potager ou dans les plates-bandes, pulvérisez une solution de soufre (inefficace en dessous de 15 °C et dangereuse pour la végétation au-dessus de 28 °C). Attention au soleil ! Brûlez toutes les plantes atteintes.

› Pour les rosiers, dès que les températures atteignent 20 °C, appliquez un traitement au soufre. Ramassez les feuilles tombées ainsi que les déchets de taille (brûlez-les).

› Sur les pommiers, effectuez une pulvérisation après la pluie, de préférence avec un fongicide à base de doguadine ou de mancozèbe. Lors de la crispation des bouquets floraux, se couvrant d'un feutrage gris, effectuez une ou deux pulvérisations avec un fongicide à base de myclobutanil.

› Des traitements complémentaires avec des soufres fins, mouillables que l'on mélange aux produits antimildiou sont aussi recommandés.

À savoir

Le soufre mouillable micronisé est un produit d'origine minérale, utilisé depuis l'Antiquité en viticulture, horticulture et arboriculture pour combattre les oïdiums.

Carpocapse des pommes et des poires

Laspeyresia pomonella

Cydia pomonella
© *R. Coutin/Opie*

Le *Laspeyresia pomonella* (*Cydia pomonella*), du groupe des microlépidoptères, est désigné parfois sous le nom de « ver des pommes ».

Alerte

Chute hâtive des fruits ayant l'apparence de fruits mûrs ; présence de la chenille à l'intérieur, ou sur le fruit d'un orifice entouré de sciure brune. Il s'agit de l'entrée de la galerie en spirale qui mène jusqu'au cœur du fruit. On y trouve parfois encore la chenille blanc rosé à tête brune.

Description, observation

Le carpocapse est un papillon de 15 mm d'envergure apparaissant d'avril à juin. La jeune chenille pénètre dans le fruit par la cicatrice du stigmate. La ponte n'a lieu que si la température est égale ou supérieure à 16 °C. Les œufs sont déposés sur les feuilles et pénètrent dans le fruit. Plus tard, les larves descendent dans le sol pour hiverner jusqu'au printemps prochain.

Prévention

› Favorisez les prédateurs naturels : chauves-souris, pics verts et mésanges bleues. Sur les arbres en cordon ou palissés, ensachez les fruits avec du papier kraft de juin jusqu'au premier mois avant la récolte.
› Ramassez les fruits véreux.
› Installez dans les arbres des pièges « gobe-mouches » emplis d'eau sucrée au miel.

Les autres carpocapses

Il existe une carpocapse spécifique pour les pruniers (*Laspeyresia funebrana*) mais la carpocapse rendant les noix et les abricots véreux est la même que celle des pommes et des poires. Les marrons et les châtaignes sont attaqués, eux, par *Cydia splendana*.

› Posez des « bandes-pièges » en carton ou en toile tout autour des troncs à 30 cm du sol dès la fin mai. Les chenilles s'y réfugient et vous pourrez alors les détruire.

› Placez des pièges sexuels aux phéromones de synthèse.

› Effectuez en hiver, hors des périodes de gel, un traitement avec une huile minérale, de colza ou de paraffine, qui détruira toutes les formes hivernales d'insectes.

TRAITEMENT

› Effectuez des pulvérisations répétées à partir du début du mois de mai puis pendant les périodes de végétation et de grossissement des fruits avec un insecticide à base de cypermethrine ou de deltamethrine.

› Traitez à la carpovirusine, insecticide naturel spécifique qui n'a aucun effet sur les abeilles (traitement à renouveler tous les dix jours, de début mai à fin août).

À savoir

La carpocapse est surtout vulnérable à l'état de chenille et pendant une période relativement courte qui s'échelonne de son éclosion à sa pénétration dans le fruit. Il faut donc que les arbres aient été traités au moment de l'éclosion.

Pommier sain

Cécidomyies

Contarinia pyrivora

Les cécidomyies sont des diptères. Leurs ailes sont transparentes comme celles des mouches. Leurs larves, appelées « asticots », se reconnaissent aisément à une absence complète de pattes. On a du mal à distinguer leur tête. Plusieurs espèces d'insectes sont désignées sous ce nom : la cécidomyie des poirettes (*Contarinia pyrivora*), la cécidomyie des feuilles du poirier (*Dasineura pyri*), la cécidomyie des violettes (*Perrisia affinis*) et la cécidomyie du chou-fleur (*Contarinia nasturtii*).

Alerte

Ces petits moucherons, parfois peu visibles, sont généralement noirs ou brun foncé.

› La cécidomyie des poirettes pond dans les boutons floraux des poiriers. Sous l'effet des piqûres de la larve, le fruit se déforme, grossit, prenant la forme d'une calebasse, d'où le nom de « poire calebassée ».

› La cécidomyie des feuilles de poirier apparaît au printemps et attaque les bourgeons qui commencent à se développer. Les feuilles se crispent, s'enroulent, se colorant parfois d'une teinte vineuse et noircissent partiellement.

› La cécidomyie des violettes attaque les jeunes feuilles de *Viola* qui deviennent courtes, épaisses, roulées et très velues.

› La cécidomyie du chou-fleur parasite surtout le haut des tiges et le bourgeon terminal des jeunes choux-fleurs, les faisant avorter.

Description, observation

Certaines espèces de ces « moucherons » très communs dans nos vergers et nos jardins peuvent avoir plusieurs générations par an. Les larves, petits asticots blancs, provoquent des malformations des parties végétales attaquées. Chez le poirier, les fruits jaunissent, noircissent et tombent à la grosseur d'une cerise.

Prévention

› Lorsque les insectes commencent à voler, pulvérisez un insecticide naturel à base de roténone ou un insecticide à base d'alphamethrine ou de diethion.

> ### *À savoir*
> Les cécidomyies sont souvent confondues avec d'autres espèces de mouches ou de moucherons. Dans certains jardins, elles sont tolérées par les jardiniers, à l'exception de la cécidomyie des poirettes qui, elle, est systématiquement combattue.

› Des pulvérisations de décoction de tabac peuvent être utilisées préventivement.

› Des infusions de lavande (100 g dans un litre d'eau), pulvérisées pures et régulièrement, peuvent avoir une action répulsive.

› Les attaques de cécidomyie du choufleur sont souvent sévères dans les régions humides, dans les jardins riches en humus et dans les cultures qui se succèdent rapidement sur les mêmes emplacements (effectuez une bonne rotation des cultures).

› Récoltez et brûlez les « poires calebassées ».

Traitement

› Pour lutter contre la *Perrisia pyri* (*Dasineura pyri*), intervenez immédiatement après la floraison. Effectuez deux ou trois pulvérisations à quelques jours d'intervalle avec une spécialité à base de roténone non toxique pour les abeilles.

› Pour se débarrasser du *Contarinia nasturtii*, effectuez des pulvérisations bien mouillantes au moment de l'éclosion des jeunes larves en juin, et chaque semaine jusqu'à la formation des têtes de choux avec une décoction de tabac ou un insecticide polyvalent qui agit par contact.

› Pour les autres cécidomyies, traitez avec un insecticide naturel (biologique) ou chimique lorsque les insectes commencent à voler et avant leur ponte.

Chlorose

Chlorose sur rhododendron

Les amateurs de rhododendrons, d'azalées, d'hortensias ou de camélias qui ne cultivent pas leurs plantes dans de bonnes conditions sont fréquemment inquiétés par le développement de cette maladie par carence.

Alerte

Le limbe des feuilles prend une teinte jaune, seul le réseau des nervures reste vert. Généralement, cette maladie se manifeste sur des plantes calcifuges installées en terrain calcaire ou arrosées avec de l'eau calcaire. Les plantes dites de « terre de bruyère » sont très sensibles à cette maladie, mais les poiriers greffés, surtout ceux greffés sur cognassier, sont également sensibles à la chlorose. On peut aussi rencontrer cette maladie sur le pêcher, le cerisier, le fraisier et le rosier.

Prévention

› Faites une analyse de votre sol. En règle générale, cette maladie se manifeste dans les sols à réaction alcaline, lorsque le pH est supérieur à 8.

› Arrosez vos plantes si possible avec de l'eau de pluie.

› Renouvelez régulièrement à l'automne vos plates-bandes de terre de bruyère en y faisant des amendements et des apports : en terre de bruyère, en

Pêcher franc

Produits tachants

Attention, lorsque vous traiterez avec des produits à base de fer ou du sang desséché, à ne pas tacher vos dallages et le sol de votre véranda. Ces solutions restent très longtemps fixées dans la pierre ou sur les revêtements minéraux.

tourbe, en sel de fer, en oxyde de potassium (K_2O), utilisez également au griffage de la corne torréfiée et moulue et arrosez les massifs au printemps avec du sang desséché.

TRAITEMENT

Traitez avec un antichlorose (fer soluble). Ce produit est inefficace si vous n'avez pas effectué les actions préventives ci-dessus désignées.

Il permet cependant de prévenir et de traiter la carence en fer et il stimule la végétation.

Des antichloroses à base de fer et de kiesérite qui sont des produits d'origine minière, apportent du sulfate de magnésie naturel.

Cicadelles et Ceresa

Cicadelle du rosier
© R. Coutin/Opie

Alerte

De nombreuses espèces d'insectes se rencontrent en horticulture sur les rosiers, les pommiers et même parfois sur les pommes de terre. La femelle de la cicadelle bubale pratique sur les jeunes rameaux des arbres et arbustes des incisions profondes dans lesquelles elle dépose ses œufs. Ces incisions profondes entravent la circulation de la sève, les branches dépérissent, leurs écorces demeurent rugueuses, les arbres s'affaiblissent et deviennent alors la proie d'autres insectes et cham-pignons du bois. Les œufs hivernent dans le bois et, au printemps, les larves éclosent. Celles-ci abandonnent les arbres pour évoluer sur les plantes herbacées comme la luzerne. Elles sucent la sève de ces plantes sans leur causer de grands préjudices. Les adultes émigrent ensuite sur les espèces arbustives.

Description, observation

Ce sont des insectes plus gros que les pucerons et les psylles, aux ailes disposées en toit, très allongées. Ils s'envolent très aisément lorsque l'on secoue la plante les portant.

La femelle dépose ses œufs sous les écorces, accolés les uns aux autres, en rangs parallèles.

Prévention

› Récoltez et brûlez les rameaux atteints et détruisez par binage les « plantes hôtes » herbacées.

› Effectuez en été des traitements insecticides sur tout le jardin et surtout sur les plantes de la famille des légumineuses.

› En hiver, pulvérisez sur les arbres une huile insecticide qui agit sur les larves et les œufs (traitement d'hiver).

Traitement

› En été : traitement en pulvérisation avec un insecticide de contact.

› Utilisez en application régulière (entre deux et quatre passages à quinze jours d'intervalle) de l'extrait fermenté de fougère réalisé avec un 1 kg de feuilles dans 10 litres d'eau pendant quatre à cinq jours.

En hiver

Les traitements d'hiver assurent une protection préventive contre les insectes en détruisant les œufs et les larves. Ils peuvent être composés d'huile blanche de pétrole ou de mélanges élaborés avec du malathion et de l'huile paraffinique.

Cloque du pêcher

Taphrina deformans

Alerte

Boursouflures et déformation des feuilles en absence d'insectes sous les feuilles.

La cloque (*Taphrina deformans*) s'installe dès l'ouverture des bourgeons, surtout par temps froid et humide. Les feuilles atteintes montrent des parties épaissies, recroquevillées, cloquées, cassantes, de coloration jaune puis rougeâtre. Les jeunes rameaux et les fruits peuvent être attaqués. On déplore également la chute de nombreuses feuilles.

Description, observation

Ces champignons de la famille des ascomycètes se développent au printemps à une température extérieure inférieure à 15 °C. La pluie favorise l'évolution du parasite.

Prévention

› Traitements préventifs :
– à la bouillie bordelaise ;
– avec une décoction de prêle : trois pulvérisations à six jours d'intervalle.

› Traitement d'hiver (pendant toute la période du repos végétatif) avec de l'oxychlorure de cuivre, une poudre micronisée mouillable.

› Plantez de l'ail et de la capucine au pied des pêchers. Faites un bon apport de compost au pied des arbres et paillez-les durant tout l'été.

› Ne laissez jamais les feuilles de pêcher au sol. Ramassez-les et évacuez-les. Surtout, ne les introduisez pas

Pêcher témoin

dans le compost. Si vous avez le droit de brûler, brûlez-les et réutilisez la cendre en amendement.

Traitement

Certains produits curatifs à base de cuivre de l'oxyde cuivreux, dits « anti-cloque, antitavelure », s'utilisent en pulvérisation.

Mais les meilleurs traitements sont avant tout préventifs. Il faudra traiter à la bouillie bordelaise à la chute des feuilles, puis à l'apparition des bourgeons au printemps. Ce traitement est inutile sur le feuillage cloqué en cours de saison.

La décoction de prêle

La prêle (*Equisetum arvense*) est un dynamiseur de croissance et un fongicide préventif.

Faites bouillir 500 g de prêle sèche dans 5 litres d'eau pendant une heure. Laissez infuser une nuit. Utilisez dilué à 20 %.

Cochenilles

© G. Blondeau/ Climax

Les cochenilles, désignées communément sous le nom de « kermès » ou de « poux collants », comptent parmi les espèces les plus nuisibles des plantes cultivées.

La cochenille farineuse (*Pseudococcus adonidum*) s'attaque aux plantes d'intérieur et de serre. Une espèce voisine s'attaque plus spécialement aux orangers et citronniers (*Pseudococcus citri*).

La cochenille floconneuse (dite de la vigne), *Pulvinaria vitis*, à carapace, vit sur de nombreuses plantes ligneuses.

La cochenille ronde du lierre (*Aspidiotus hederae*) infeste le lierre mais aussi les palmiers, les citronniers et un nombre très élevé de plantes d'intérieur comme de jardin.

La cochenille rouge du poirier (*Epidiapsis leperii*), ou diapsis du poirier, est considérée par les arboriculteurs comme un redoutable parasite.

Le pou de San-José (*Aonidiella perniciosa* ou *Quadraspidiotus perniciosus*) est une cochenille dite à bouclier qui affecte les arbres fruitiers mais aussi les arbres et arbustes d'ornement.

La cochenille ronde du rosier (*Aulacaspis rosae*) se remarque aisément fixée sur les écorces.

La cochenille virgule (*Lepidosaphes ulmi*) vit principalement sur les pommiers envahissant les troncs et les branches.

Alerte

De la même famille que les pucerons, les cochenilles provoquent des dégâts similaires : croissance perturbée, fumagine, transmission de maladies. Elles se camouflent sous des coques à l'aspect divers : cannelées (citrus), lisses et rouges (rosiers), laineuses et blanches (poiriers, plantes d'intérieur).

Les principales cochenilles s'attaquant aux plantes ornementales sont des *Lecanium* (aux « boucliers » ronds et bruns) et des cochenilles farineuses ; leurs dégâts sont importants et elles rendent toujours les plantes inesthétiques. La cochenille du rosier, spécifique, attaque surtout les rosiers grimpants. Elle se reconnaît aux encroûtements de boucliers blanchâtres que l'on observe facilement. Le miellat qu'elle excrète se couvre toujours de fumagine.

DESCRIPTION, OBSERVATION

Les cochenilles molles (orangers, plantes d'appartement) demeurent souvent mobiles pendant toute leur vie et en général se montrent blanches et farineuses. Les cochenilles à carapace peuvent avoir un corps de couleur acajou, brun foncé, vert foncé et sont protégées par une coque fixée sur la partie dorsale de leur corps. Les cochenilles à bouclier forment des pustules blanchâtres et des encroûtements grisâtres ou des boucliers circulaires blancs qui sont formés par des sécrétions et des mues.

PRÉVENTION

› Lors de l'achat de plantes, rejetez les sujets parasités.
› Pour les ligneux, en fin de saison, grattez les cochenilles à l'aide d'une brosse, puis badigeonnez les troncs des arbres d'une solution argileuse.
› En hiver, effectuez des pulvérisations avec une huile minérale paraffinique.
› Ramassez toutes les branches tombées et les tailles et brûlez-les.
› Le purin d'ortie a une action répulsive.

TRAITEMENT

› Au tout début de la végétation, effectuez deux pulvérisations sur les arbres et arbustes à une heure d'intervalle avec une huile paraffinique alliée à du malathion.
› En juin, pulvérisez un mélange de pyrèthre ou de roténone, adjoint à un produit mouillant (terpène de pin ou de menthe) pour que l'insecticide pénètre les carapaces.
› On peut également faire des pulvérisations de décoction de tabac, alliée à une huile paraffinique, à laquelle nous ajouterons de l'alcool à 70° (un verre pour 10 litres de produit).
› Pour les plantes d'intérieur, on peut procéder au nettoyage à l'aide d'une éponge, avec de l'eau non calcaire et de l'alcool (1 dl pour un litre d'eau) puis appliquer un insecticide (deltamethrine) ou un traitement par aérosol (cypermethrine + propiconazole + dicofol).

La roténone

La roténone est une matière active naturelle extraite de plantes tropicales (*Derris*, *Tephrosia*). Elle agit par contact et ingestion sur le système nerveux de presque tous les insectes, de façon assez rapide.

L'huile minérale paraffinique

Elle détruit la couche cireuse recouvrant les peaux et carapaces des insectes, obstruant ainsi leurs organes de respiration.

À savoir

Si vous utilisez un insecticide en aérosol, n'approchez pas trop près des feuilles. Vaporisez à, au moins, 10 cm de la plante.

Courtilière

Gryllotalpa gryllotalpa

© G. Blondeau/ *Climax*

Ma première approche du monde des insectes au jardin lorsque j'étais apprenti jardinier fut la découverte des courtilières que les anciens appelaient barres, jardinières ou taupes-grillons.

Alerte

Les courtilières abondent dans les terrains meubles, riches en déchets organiques, possédant un sous-sol humide. On peut les découvrir dans le tas de compost familial. Elles sont synonymes d'une bonne décomposition de celui-ci et de sa richesse en matières organiques. Ce ravageur est surtout présent dans les terrains sablonneux ou les jardins trop riches en fumier ou en tourbe.

Description, observation

La taupe-grillon porte bien son nom : grâce à ses pattes antérieures, robustes et disposées pour fouir, elle effectue de nombreuses galeries dans le sol, parallèles à la surface de celui-ci. De place en place, les galeries présentent un puits vertical dans lequel l'insecte se repose.

Au printemps, l'insecte entre en activité dès le réveil de la végétation. Il est alors de taille moyenne (2 à 3 cm) ; pendant les mois de mai et juin, il grossit vite et sa voracité augmente. En juillet, la courtilière peut atteindre de 5 à 10 cm. À ce moment, l'insecte dépose dans des coques de terre durcie ses œufs.

Les œufs, blancs et de la dimension d'un grain de riz, peuvent être groupés par trente à quarante dans la même coque, ayant environ la grosseur d'un poing d'enfant. La femelle peut pondre jusqu'à 300 œufs. Les petites courtilières éclosent en août et atteignent le tiers de la taille de l'adulte. À la fin de l'automne, elles gagnent les emplacements les plus tièdes du jardin, tels que les tas de feuilles mortes, le tas de compost, les clapiers, etc., et s'y endorment pour y passer l'hiver.

PRÉVENTION

› Remuez souvent votre tas de compost et récoltez les courtilières que vous y trouverez.

› Pulvérisez pur de l'extrait fermenté d'euphorbe dès le mois de mai sur le tas de compost et en périphérie du potager et des massifs.

> *L'extrait fermenté d'euphorbe*
>
> Il se réalise grâce à 800 g de jeunes pousses mises à macérer cinq jours dans 10 litres d'eau.

› Recouvrez votre compost de branchettes et de feuilles de sureau avant l'hiver. Vous pourrez également faire un lit de branches de sureau sur lequel vous installerez votre tas de compost.

TRAITEMENT

› Vous réaliserez des appâts à base de son ou de brisures de riz, empoisonnés avec un insecticide en poudre (roténone, diethion).

› Des arrosages avec une décoction de sureau additionnée d'une décoction de tabac peuvent s'avérer efficaces sur les plantes non potagères.

› L'extrait fermenté de fougère aigle s'utilise à raison de deux ou trois applications sur le sol avant toute plantation.

› Des produits spécifiques contre les insectes du sol à base de diazinon s'utilisent en épandage.

> *L'extrait fermenté de fougère aigle*
>
> Il est fait à partir de 1 kg de feuilles dans 10 litres d'eau pendant 4 à 5 jours. Diluez à 10 % avant de pulvériser.

Criocères

Criocère de l'asperge (*Crioceris asparagi*), criocère du lis (*Lilioceris lilii*)

Ces coléoptères se caractérisent par leur forme en général assez ramassée et souvent par leurs vives couleurs.

Alerte

› Le criocère de l'asperge attaque nos carrés d'asperges au printemps. Cet insecte aligne ses œufs isolément sur les ramilles ou les feuilles de la plante. Les larves noires et gluantes broutent les tiges, dévorent les feuilles, provoquant le dépérissement de toute l'aspergeraie.

› Le *Cricoceris duodecimpunctata* a des larves qui vivent seulement dans les baies des asperges.

› Le criocère du lis broute l'épiderme des *Lilium*, entraînant parfois la désagrégation des hampes florales, la perforation des feuilles et des boutons floraux.

Description, observation

› Le criocère de l'asperge peut mesurer de 6 à 8 mm. Sa tête est bleue, ses élytres sont bleus tachés de rouge.

› Le criocère du lis est de couleur vermillon avec des pattes noires.

Prévention

› Binez régulièrement vos asperges et vos lis. Isolez ces derniers du sol à l'aide d'un paillage. Il faut travailler le sol aux alentours pour éliminer les insectes qui hibernent sous terre.

› Sur vos cultures, étalez des branches de genêt ou de sureau à l'odeur répulsive. La culture de pyrèthre peut également avoir un effet répulsif.

› Pulvérisez une infusion d'absinthe ou de tanaisie, tous les trois jours et pendant un mois.

› Déplacez régulièrement vos lis dans le jardin.

Criocère du lis © G. Blondeau/ Climax

Traitement

› Pulvérisez un insecticide naturel à base de roténone qui agit par contact et ingestion et ce, dès l'apparition des insectes.

› Des insecticides liquides à base d'alphamethrine qui agissent par contact et ingestion ont un excellent effet de choc, en cas de grande infestation.

› Les criocères ont des larves très visibles. Ramassez-en le plus possible.

› Une décoction de sureau (1 kg de feuilles dans 10 litres d'eau. On laisse tremper 24 heures, puis on fait bouillir pendant 30 minutes) pulvérisée non diluée est active contre les criocères.

Les altises

Ces coléoptères aux couleurs brillantes, plus petits que les criocères, font des dégâts au printemps sur les choux, les navets et parfois les radis. Appelés « pucettes » ou « puces de terre », on les combat comme les criocères.

Doryphore

Leptinotarsa decemlineata

© D. Blancard/ INRA

© G. Blondeau/ Climax

Alerte

Le feuillage des pommes de terre, mais aussi des aubergines, des tomates et des *Nicotiana* d'ornement est rongé et renferme de grosses larves orange tachetées de noir. On observe parfois les adultes, des coléoptères jaunes rayés de noir.

Les pontes de 15 à 30 œufs jaunes, groupés, sont déposées sous les folioles des pommes de terre en mai.

Description, observation

L'adulte, de 10 à 15 mm, bombé, rayé sur le dos de barres jaunes et noires, sort du sol où il a hiverné vers fin avril.

Les larves ont un appétit énorme et sont de la taille d'un petit pois. Elles s'enfouissent dans le sol. En juillet, de nouveaux insectes apparaissent, qui, après avoir détruit les cultures, rentrent à nouveau dans le sol qu'ils ne quitteront plus avant le printemps suivant.

Prévention

› Évitez une trop grande fertilisation azotée.

› Un traitement en début de saison à la bouillie bordelaise peut avoir une action préventive.

› Les oiseaux et les lézards sont des prédateurs naturels des doryphores.

› Un insecticide naturel spécifique du doryphore est actuellement en vente dans le commerce. Celui-ci détruit les larves. Il est donc important de traiter dès leur première apparition pour une meilleure efficacité. Sinon, un deuxième traitement doit être envisagé une semaine plus tard.

Fleurs de pomme de terre (à gauche)

Pommes de terre en culture (ci-dessous)

TRAITEMENT

› Ramassez et détruisez les larves. Faites plusieurs aspersions de *Bacillus thuringiensis* à 8-10 jours d'intervalle.

L'ennemi n° 1 des pommes de terre

Le doryphore fait partie de ces « ennemis mythiques » des jardiniers. Ravageur important de la pomme de terre, il a détruit de nombreuses cultures agricoles et, en Europe, a été la cause de famines. Au jardin familial, il s'élimine assez facilement par un ramassage systématique des adultes, le matin « à la fraîche ».

› Les traitements à base de pyréthrine ou de roténone sont plus efficaces contre les doryphores sur aubergines ou sur tomates.

Entyloma du dahlia

Entyloma dahliae

Grands dahlias

Depuis plusieurs années déjà, les amateurs de la section « dahlia » de la Société nationale d'horticulture de France (SNHF) et de la Société française du dahlia (SFD) ont été confrontés à cette affection. Les producteurs de dahlias ont toujours œuvré pour enrayer cette maladie.

Alerte

Cette maladie se caractérise par des taches circulaires jaunâtres, de quelques millimètres de diamètre, qui s'agrandissent, brunissent et se dessèchent. Les dégâts sont souvent importants sur les boutures, mais peuvent aussi poser des problèmes quant à la conservation des tubercules l'hiver. Par temps humide, l'entyloma peut se manifester de mai à juin et s'étendre rapidement sur toute la plante.

Prévention

Achetez des dahlias en tubercules, boutures racinées ou en potées fleuries auprès des professionnels. Faites très attention aux échanges de boutures ou de tubercules entre jardiniers amateurs.

Effectuez un traitement préventif au mancozèbe.

Dahlias nains

TRAITEMENT

› Traitez au mancozèbe, de préférence associé au méthylthiophanate, qui est un produit systémique : cela vous facilitera la tâche, car l'entyloma se développe au verso des feuilles. L'association des deux composants est curative, alors que le mancozèbe n'est que préventif. On trouve parfois le mélange dans le commerce.

› L'*Entyloma dahliae* laisse tomber ses spores sur le sol, aussi est-il très difficile de l'éradiquer totalement. Les traitements ne feront guère que l'endiguer.

Précautions indispensables

Le dahlia est une des plantes les plus faciles qui soient à bouturer (bouture ordinaire, bouture à talon ou bouture de tige).

Il faut cependant impérativement désinfecter son « couteau à greffer » après chaque bouture pour éviter de diffuser d'éventuelles maladies.

Erwinias

Plusieurs bactéries sont la cause de pourriture d'organes charnus (bulbes, rhizomes, tubercules, racines, base des tiges).

Erwinia aroidea attaque les arums et les fruits verts de la tomate. *Erwinia carotovora* s'attaque aux racines des carottes, des navets, des choux-navets et entraîne la pourriture des bulbes de l'oignon (gras de l'oignon, graisse de l'oignon), soit en cours de végétation, soit pendant la conservation. L'*Erwinia carotovora* pv. *atroseptica* provoque la « jambe noire » de la pomme de terre et l'*Erwinia chrysanthemii*, qui s'attaque aux dahlias, est redoutable pour les collectionneurs des conservatoires spécialisés ; il pose surtout des problèmes pour la conservation des tubercules.

Alerte

› L'erwinia fait pourrir la base des feuilles et les rhizomes des arums.

› Chez la tomate, ce parasite attaque surtout les fruits verts ; il apparaît alors des lésions noires, entourées d'une bordure plus claire, puis le fruit se transforme en bouillie incolore et inodore.

› Chez la pomme de terre, la tige pourrit au niveau du sol, devient molle et noirâtre tandis que les feuilles fanent.

› Chez le dahlia en culture, alors que les plantes saines restent vertes et coriaces, la plante malade se fane rapidement, ramollit, le feuillage devient

glauque. Les tubercules coupés en leur milieu présentent des zones noir violacé.

PRÉVENTION

› Il faudra observer des longues rotations de culture, sécher les racines ou les bulbes avant l'emmagasinage, maintenir les locaux à température basse. Pour les racines et bulbes potagers, consommez rapidement les récoltes provenant des parcelles contaminées.

› Plantez des bulbes et tubercules sains provenant des sélectionneurs. Faites très attention aux échanges entre amateurs, surtout en ce qui concerne les arums et les dahlias – en conservation comme en culture, une souche malade peut contaminer l'ensemble des plantes même en repos végétatif.

TRAITEMENT

› Pour la tomate, un traitement à la bouillie bordelaise peut être conseillé.

› Arrachez et détruisez les arums, dahlias et pommes de terre malades. Ne les introduisez pas dans le tas de compost.

› Ne plantez jamais les oignons dans une terre qui aurait reçu auparavant et plus de trois années consécutives du fumier. Il est également nécessaire de désinfecter les sols.

© D. Blancard/ INRA

Escargots et limaces

Petit-gris
© G. Blondeau/ Climax

Alerte

Les escargots et les limaces sont des gastéropodes qui, le printemps revenu, quand l'air est humide, le soir ou après une pluie, dévorent les plantes les plus tendres. Sur certaines plantes comme les hostas, ils peuvent dévorer toute une touffe pendant la nuit et empêcher celle-ci de repousser les jours suivants, grignotant systématiquement les jeunes pousses dès qu'elles apparaissent. Sur les plantations d'annuelles ou de boutures, ils ravagent complètement les plantes. En 24 heures, ils peuvent engloutir environ 40 % de leur propre poids. Toutes les plantes d'ornement (vivaces ou annuelles) et l'ensemble des espèces légumières leur servent de nourriture. Certaines espèces de limaces vivant sous terre endommagent également les tubercules comme la pomme de terre, la patate douce ou les bulbes à fleurs.

Les limaces sévissent pratiquement toute l'année, se nourrissant des feuillages, des bourgeons, des fleurs, qu'elles percent et découpent, ne disparaissant que lorsque la température descend en dessous de 5 °C. Elles peuvent propager diverses maladies cryptogamiques.

L'escargot hiberne engourdi pendant cinq à six mois dans les anfractuosités des murs ou dans les broussailles et les orties.

Description, observation

Tout le monde sait reconnaître un escargot. Les escargots dits « petit-gris » ou « bourgogne » sont très recherchés par la gastronomie française. D'autres, appelés « lunettes », plus petits, aux diverses couleurs chatoyantes peuvent être en cas de pullulation de grands ravageurs dans nos plates-bandes.

La petite limace grise ou « loche » (*Deroceras reticulatum*), qui se plaît dans nos salades, attaque presque tous les végétaux. Elle est fréquente de la fin de l'été au printemps. Elle est très active la nuit, ne sortant le jour qu'après la pluie.

La grosse limace noire des jardins (*Arion hortensis*) fait de gros dégâts par temps humide persistant.
Les grandes limaces jaunes ou grises (*Limax*) qui peuvent dépasser les 6 cm de longueur, envahissent les endroits particulièrement humides comme les caves.
La limace rouge peut attaquer les jardins installés en bordure de forêt. Nous la maudissons souvent à l'époque de pousse des champignons sauvages des bois, car elle raffole aussi bien des espèces toxiques (pour l'homme), dont on ne se soucie guère, que des espèces très recherchées pour la cuisine.

Prévention

› Parsemez le potager et les abords des massifs de poudre d'algues calcaires, de sciure de bois, de cendre de bois, d'aiguilles de pin ou de mâchefer, afin de décourager les limaces, qui, dans le cas d'un sol déshydratant pour la pellicule de mucus sur laquelle elles se meuvent, ne peuvent plus atteindre les plantes convoitées.
› Ramassez le plus possible d'escargots et de limaces tôt le matin ou le soir.
› On peut disposer également des appâts à base de métaldéhyde (le « méta » utilisé comme combustible par les campeurs) au sol à proximité des plantes à protéger.
› Des pulvérisations sur le sol d'infusion d'absinthe ou d'extrait fermenté d'euphorbe épurge sont répulsives. L'odeur émise par ces plantes déplaît aux gastéropodes.

Traitement

Des pulvérisations après la pluie d'une macération de 800 g de feuilles fraîches de rue (*Ruta graveolens*) dans 10 litres d'eau pendant dix jours et diluée à 20 % sont efficaces contre les limaces, moins contre les escargots.
› Des appâts granulés prêts à l'emploi et qui intoxiquent rapidement les escargots et les limaces (à base de métaldéhyde) résistants à la pluie et bénéficiant d'une action persistante, sont actuellement à votre disposition dans les drogueries et les jardineries.

Précautions indispensables

Les appâts antilimaces, dangereux, contiennent désormais des « répulsifs » pour les animaux domestiques. Ces produits intègrent désormais plusieurs additifs qui permettent de réduire le risque de consommation par l'homme. Cependant, surveillez bien le stockage de ces produits, dans un local sec et aéré et hors de portée des enfants.

Attention

Le meilleur auxiliaire du jardinier, le hérisson, peut être empoisonné s'il ingère une limace ou un escargot ayant lui-même avalé un hélicide. Si vous avez la chance de retenir dans votre jardin un couple de hérissons, laissez-les vous débarrasser eux-mêmes naturellement de ces ravageurs.

Feu bactérien

Erwinia amylovora

Une dangereuse bactérie appelée *Erwinia amylovora* frappe certains végétaux de la famille des rosacées (groupe des pomoïdées).

Alerte

› Dessèchement des jeunes branches qui deviennent de couleur brune.

› Dessèchement des bouquets floraux, les fleurs se recouvrent en crosse. On peut observer, notamment sur les fleurs de pommier, des gouttelettes visqueuses d'abord blanchâtres, puis ambrées. Il s'agit de l'exsudat qui permet la dispersion de la maladie.

› Toutes les rosacées attaquées par cette bactérie ont les branches et les feuilles qui se dessèchent rapidement et semblent avoir été soumises à une brûlure extérieure (comme une branche passée au chalumeau).

Prévention

› Évitez, aux abords immédiats de votre jardin et surtout de votre verger, de conserver : aubépines (épines blanches), *Crataegus* ou *Pyracantha* (buisson-ardent) qui n'auraient pas été sélectionnés, indemnes de maladie.

› Ne plantez des végétaux que « certifiés » par les pépiniéristes.

› La lutte contre le feu bactérien est très difficile. Évitez les blessures. Les variétés anciennes (surtout les poires) sont très sensibles au feu bactérien (passe-crassane, doyenne du comice, conférence, beurré hardy, etc.), ainsi que de nombreuses variétés de pommes plus récentes comme granny smith, golden ou reinette, etc.

Traitement

› Cette bactérie détruit les arbres et s'étend rapidement. Sacrifiez les arbres atteints en les brûlant.

› On peut cependant tenter de sauver les arbres en place, qui doivent être surveillés régulièrement pour éliminer très sévèrement les parties malades (au risque de les déséquilibrer ou de les rendre inesthétiques) à 0,5 ou 1 m en dessous de la partie *semblant* saine. Puis, effectuez un traitement au cuivre avant de bien mastiquer les plaies de taille.

› Un fongicide est autorisé pour lutter contre cette affection : le fosetyl-aluminium.

Important

Dès le début de l'attaque du feu bactérien, alertez le plus rapidement le service de protection des végétaux de la direction départementale de l'Agriculture.

Flétrissements

Certaines bactéries peuvent entraîner la fanaison et la mort des tiges, des feuilles, des fleurs et des fruits. Elles obstruent les vaisseaux de la plante et sécrètent des toxines défavorables au bon développement végétatif.

Alerte

Chez les courges, le flétrissement des cucurbitacées (*Erwinia tracheiphila*) se distingue par une brusque altération. En coupe, on observe, dans les vaisseaux de la tige, un liquide visqueux, blanc, chargé de bactéries. Les contaminations se font par certains coléoptères.

Le flétrissement de la pomme de terre (*Corynebacterium sepedonicum*) se distingue par un flétrissement rapide qui progresse de la base vers le sommet de la plante. Les tubercules d'une plante malade portent des taches brunes et sont chargés de bactéries.

La maladie peut se transmettre d'une année sur l'autre lorsque l'on conserve et replante ses propres tubercules de semence.

Le flétrissement bactérien de la tomate (*Calvibacter michiganensis* sbsp. *michiganensis*) provoque une chlorose du feuillage et son dépérissement irréversible, d'abord unilatéral, puis généralisé. On observe alors des chancres ouverts sur les pétioles.

Prévention

› Utilisez exclusivement des semences saines et des plants de pommes de terre certifiés.

› Arrachez et détruisez les plantes malades.

› Luttez contre les insectes vecteurs, pucerons par exemple et surtout coléoptères.

› Lorsque l'on doit couper toute partie végétative d'une plante malade, il faut désinfecter la lame du couteau avant de l'utiliser sur une plante saine (attention à la taille !).

› Paillez abondamment le sol au pied des tomates.

› Maintenez la teneur en humus du sol par un apport de matières organiques.

Attention

Ne conservez jamais les parties malades de plantes que vous venez de tailler. Ne les ajoutez pas à votre compost au risque de répandre la maladie dans tout le jardin.

Tomate cœur de bœuf

TRAITEMENT

› Il n'existe aucun traitement curatif contre les flétrissements. On peut protéger les cucurbitacées par des traitements à la bouillie bordelaise.

› Pour les pommes de terre, éliminez les tubercules suspects à la récolte.

› Vous devez maintenir une bonne rotation des cultures sur trois années minimum. Ne plantez jamais de tomates sur un sol occupé auparavant par des plants de pommes de terre (ou réciproquement).

Fonte des semis

Pythium debaryanum

Tous les jardiniers amateurs ont eu un jour un problème avec cette maladie qui attaque les jeunes plantes après la germination des graines, qu'elles soient potagères ou florales.

Alerte

Dès la levée, les jeunes plantules atteintes s'effondrent et pourrissent. Les boutures de géraniums de jardin (pélargoniums) et dahlias peuvent être aussi attaquées : elles noircissent à hauteur du collet et meurent. Cette maladie affecte généralement les semis faits en serre, sous châssis, ou dans la maison, mais certains semis faits à l'air libre et notamment ceux d'arbres et d'arbustes sont parfois également atteints.

© D. Blancard/ INRA

Description, observation

La fonte des semis se manifeste rapidement après la germination.
Le pot ou la caissette de semis se recouvre parfois d'un léger voile blanc.

Prévention

› Il faut éviter de semer dans un terreau trop riche en matières organiques, surtout lorsque l'on travaille en atmosphère chaude ou confinée (serre, véranda).
Ne semez pas dans des mélanges terreux comportant plus de 20 % de tourbe.

› Pour prévenir cette maladie, on conseille de semer en sol sain, n'ayant pas porté ou reçu des restes de plantes infectées (attention au compost) et d'éviter l'excès d'humidité.

› Semez léger, n'ayez pas la « main lourde » : les semis trop denses à l'extérieur, comme sous abri, favorisent la fonte des semis.

Traitements

› Sur de petites surfaces, on pourra désinfecter le sol, soit par la chaleur (vapeur), soit en l'arrosant après bêchage avec une solution à 2,5 % de formol du commerce, trois semaines avant le semis.

› L'utilisation de « fongicides préventifs » peut être également envisagée. Celle, préventive, de décoction d'ail est également conseillée.

La décoction d'ail

Mettez 100 g de gousses d'ail hachées dans un litre d'eau. Portez à ébullition puis laissez infuser avant plantation.

À savoir

Des pulvérisations préventives d'extrait fermenté à base de tanaisie, de consoude, de sauge, de bardane sont actuellement à l'essai pour lutter contre le pythium.

Fourmis

Lasius et *Myrmica*

Fourmi noire
© G. Blondeau/ Climax

Aucune plante n'est vraiment sensible aux fourmis. Elles sont plus une nuisance qu'un ravageur. Elles se nourrissent souvent du miellat sécrété par les pucerons et les cochenilles qu'elles peuvent « élever » en les déplaçant d'une plante vers l'autre et en les protégeant de leurs prédateurs naturels.

Alerte

Les activités des fourmis peuvent perturber la croissance des plantes et accroître les dégâts causés par d'autres ravageurs. Le creusement des galeries gêne l'activité des racines, causant parfois le flétrissement des végétaux non ligneux.
Certaines fourmis établissent leur nid au milieu des pelouses en petits monticules inesthétiques qui gênent, comme les taupinières, la tonte.

Description, observation

Insecte rouge, jaune brunâtre ou noir à tête, thorax et abdomen distincts.
Les fourmis vivent en colonies dans les massifs de fleurs, les pelouses, les tas de compost, les pots de plantes et les murets.

Prévention

› Les fourmis détestent l'humidité. Maintenez humides et frais vos massifs, vos plates-bandes et vos jardinières.
› Installez des bandes collantes ou de la glu horticole autour des troncs pour les empêcher de monter dans les arbres et arbustes.
› Plantez du pyrèthre, de la citronnelle ou de la mélisse.

> *Important*
>
> De nombreuses infusions, décoctions et extraits fermentés éloignent les fourmis des lieux de cultures : lavande, mélisse, ortie, rhubarbe, pyrèthre, ail, fougère, consoude, tabac.

Formica rufa
© *G. Blondeau/ Climax*

TRAITEMENT

› Noyez les colonies gênantes à l'eau froide ou bouillante. Inondez les plantes en pots pour faire partir le nid.

› Traitez avec de la pyréthrine.

› Installez des appâts insecticides (boîte ou tube). La boîte ou le produit déposés sur le passage des fourmis les attirent. Les fourmis transportent l'appât dans la fourmilière, détruisant toute la colonie par auto-empoisonnement.

› Des antifourmis en poudre, à base de diazinon ou de chlorpyriphoséthyl, s'utilisent en saupoudrage ou arrosage dans les allées ou autour de la maison.

› Des antifourmis dits de « longue durée » éliminent les fourmis dans la pelouse ou autour de la maison par contact ou ingestion. Ils diffusent progressivement grâce à des microcapsules qui réduisent le lessivage par l'eau de pluie ou d'arrosage.

› Des antifourmis en flacons pulvérisateurs prêts à l'emploi à base de cypermethrine s'utilisent facilement, se vaporisant sur toutes les surfaces fréquentées par les fourmis.

Fumagine

Fumagines, périsporiacées

Les « fumagines » sont dues à différents champignons. On désigne sous ce nom la poudre noirâtre charbonneuse qui se forme sur les organes verts des plantes, surtout sur les feuilles. Le mycélium est externe, il se développe dans les matières sucrées (le miellat), excrétées par les cochenilles et les pucerons.

ALERTE

Les feuilles des arbres deviennent collantes et recouvertes d'une poudre noire qui tache les doigts et les vêtements. Le mobilier de jardin à proximité des arbres devient poisseux, toute surface lisse (toit d'automobile, bancs et mobilier en matière plastique) se recouvre d'une substance visqueuse, collante et désagréable au toucher.

Les fumagines s'observent sur des espèces de plantes très diverses, notamment sur les saules, les houx, les mûriers, les arbres fruitiers à noyau et à l'intérieur de la maison sur toutes les plantes dites d'appartement à feuilles coriaces (ficus, philodendron, citrus, etc.). Ces champignons qui nuisent à l'assimilation chlorophyllienne de la plante sont surtout incommodants pour l'esthétique générale des végétaux et pour leur environnement.

Fumagine
© D. Blancard/ INRA

Infusions végétales

L'infusion de menthe ou de lavande utilisée contre les pucerons se réalise à raison de 100 g de plantes fraîches pour un litre d'eau (il faudra les pulvériser pures et ne pas les mélanger).

PRÉVENTION

› Il faut impérativement lutter contre les cochenilles et les pucerons (voir p. 65 et 122) et éviter la prolifération des fourmis.

› On peut traiter préventivement les jeunes sujets et les plantes d'intérieur avec des infusions de lierre, de lavande, de mélisse, de menthe ou des macérations à froid de rhubarbe.

› L'utilisation de purin d'ortie en passages réguliers (tous les dix à quinze jours) pendant trois mois, de mai à juillet, est recommandée.

TRAITEMENT

› Utilisez des traitements insecticides « antipucerons » chimiques ou biologiques, ou du savon noir liquide. On peut renforcer l'action de ces produits avec des huiles minérales, des huiles blanches et parfois un verre d'alcool à brûler pour 10 litres de mélange (ne mélangez pas les insecticides contenant de la roténone avec le savon noir).

› Plantez des capucines à proximité des zones susceptibles d'être infestées. Leur présence attire les attaques de pucerons, que l'on pourra traiter plus aisément avant leur prolifération.

› Le mobilier de jardin recouvert de fumagine se nettoie facilement à l'essence de térébenthine ou au savon noir.

Il faudra éviter l'utilisation de produits dégraissants ménagers qui, une fois leur action de nettoyage terminée, renforcent la viscosité du miellat. Sur les arbres fruitiers et les rosiers, un traitement au soufre en poudre peut s'avérer efficace.

Galles

Diverses espèces de *Streptomyces* provoquent la formation de pustules liégeuses sur la peau des tubercules ou les racines des végétaux. Ces galles sont assez répandues dans la nature ou sur certaines plantes d'ornement sans retenir l'attention des jardiniers. Cependant, la galle commune de la pomme de terre (*Streptomyces scabies*) peut causer quelques désagréments lors de la consommation. Les tubercules sont alors dépréciés, du fait de leur aspect et des pertes à l'épluchage qu'occasionnent les pustules.

Galle commune
© D. Blancard/ INRA

Prévention

Cette maladie est surtout fréquente dans des sols siliceux, caillouteux, pauvres en humus et dans les terres trop acides. Observez de bonnes rotations de cultures en incorporant des engrais verts au labour (luzerne, trèfle) ou du phosphate naturel brut broyé et tamisé qui améliore la réserve phosphatée, la structure et l'état calcique du sol.

Utilisez des « semences-tubercules » saines et certifiées. Certaines variétés sélectionnées sont par ailleurs naturellement exemptes de cette affection.

Traitement

Aucun traitement curatif n'est connu. Cependant, l'amélioration du sol par l'apport régulier d'amendements d'algues marines calcaires, de chaux, de poudre de lave et de poudre de basalte est à recommander. Lors des poudrages, il est possible d'alterner différents amendements afin d'apporter un maximum d'éléments.

Les algues marines

Les algues marines calcaires sont une chaux d'origine corallienne qui est riche en oligo-éléments et magnésium. Elles désacidifient le sol et préviennent l'installation de la mousse.

Galles de la pomme de terre

Spongospora subterranea (poudreuse), *Synchytrium endobioticum* (verruqueuse)

ALERTE

› La galle poudreuse (*Spongospora subterranea*) s'installe sur les tubercules de pomme de terre ; les basses températures et l'excès d'humidité sont des facteurs favorables à son développement.

La galle argentée

La galle argentée (*Helminthosporium solani*) ne se distingue pas ou peu à la récolte. Ses symptômes sont à peine visibles et se manifesteront surtout pendant la période de conservation. Les taches sont bien visibles sur les variétés à peau rouge.

© D. Blancard/ INRA

› La galle verruqueuse (*Synchytrium endobioticum*) se développe facilement en climat froid ; les spores peuvent se conserver jusqu'à trente années dans le sol, sous forme enkystée.

DESCRIPTION, OBSERVATION

La galle poudreuse se traduit par la formation de chancres sur les racines, blancs d'abord, qui brunissent ensuite.

Pour l'histoire

La galle verruqueuse de la pomme de terre a été observée en France dès 1925. De sévères mesures prophylactiques destinées à empêcher l'introduction ou à ralentir la propagation de la maladie ont limité le développement de cette maladie sur le territoire.

La galle verruqueuse forme des tumeurs, dues à la prolifération des cellules, de taille très variable. Les attaques se situent principalement en dessous du sol. Les tumeurs ne se forment jamais sur les racines à la différence de la galle poudreuse.

PRÉVENTION

› Utilisez du plant sain et des variétés résistantes.

› Drainez les parcelles humides.

› Faites de longues rotations de cultures.

TRAITEMENT

› Pour ces galles, il n'existe pas de lutte chimique efficace. Une culture raisonnée et l'emploi de plants certifiés de variétés résistantes sont à conseiller.

› Détruisez et évacuez les plantes malades.

Graisse du haricot

Pseudomonas phaseolicola, Xanthomonas phaseolicola

Ces deux bactéries déterminent le même type de maladie.

Alerte

Les feuilles sont ponctuées de taches jaunes, transparentes et huileuses. On trouve les mêmes marques sur les gousses. Souvent les feuilles tombent. Les bactéries contaminent ensuite les graines, sur lesquelles des taches brunes et creuses sont visibles. Il peut y avoir fonte des semis.

Prévention

› Assurez-vous de l'état sanitaire des graines que vous allez semer.

› Dans une zone où cette maladie bactérienne est fréquente, privilégiez les variétés moins sensibles.

Le dialogue avec vos voisins jardiniers ou la société d'horticulture locale vous aidera à choisir celles-ci.

› Plantez assez tard.

› L'extrait fermenté de tomate stimule la croissance des haricots et ses capacités d'autodéfense.

Traitement

L'attaque des feuilles est précédée par l'apparition de taches avec un mucus blanc qui contient les bactéries. Observez vos haricots. Dès que ces taches sont visibles, brûlez immédiatement la plante.

Ne ressemez jamais au même endroit. Pratiquez une bonne rotation des cultures.

© D. Blancard/ INRA

Autres graisses

La graisse de l'artichaut et la graisse des bégonias sont des maladies bactériennes proches de la graisse du haricot. On ne sait à ce jour ni prévenir ni traiter. Détruisez rapidement les plantes malades, brûlez-les.

L'extrait fermenté de tomate

Il peut être réalisé par macération pendant 4 jours de 1 kg de gourmands, jeunes tiges et feuilles dans 10 litres d'eau.

Diluez à 20 % pour des arrosages (à utiliser avant la putréfaction).

Hernie du chou

Plasmodiophora brassicae

Alerte

Vos choux ne grossissent pas, ont des difficultés pour « pommer », ils flétrissent pendant les heures chaudes. Leurs racines présentent des excroissances blanches et finissent par pourrir. Cette maladie assez fréquente se manifeste sur les diverses variétés de choux, mais aussi sur d'autres plantes de la famille des crucifères, notamment sur les navets. Les plantes meurent de bonne heure, surtout lorsqu'elles sont attaquées dans le jeune âge.

Description, observation

Ce champignon de la famille des archimycètes a des spores qui se disséminent lorsque les racines pourrissent. Cette maladie peut rester vivante plusieurs années dans le sol. Elle est répandue par les vers ou le travail du jardinier (labour, griffage, etc.). Elle germe lorsqu'elle est stimulée par le contact d'une jeune racine de crucifère et par une température chaude dans un milieu humide et acide.

Prévention

Ce champignon est favorisé par des sols pauvres en calcium, humides et compacts. Modérez l'arrosage. Travaillez le terrain pour l'aérer.
Une ou deux semaines avant la plantation, chaulez le jardin (chaulage général et amendements calcaires). On peut également disposer une poignée de chaux éteinte autour de chaque plante au moment du repiquage.
Évitez les engrais acidifiants et l'excès de potassium.

Modifier le pH

Les amendements calcaires et magnésiens s'emploient en terre franche, lourde ou argileuse et font diminuer le pH du sol. Ils peuvent s'employer toute l'année en dehors des périodes de gel ou de grande sécheresse.

Traitement

› Arrachez et brûlez les plantes atteintes.
› Après une attaque de hernie, attendez dix ans avant de cultiver des crucifères, y compris celles destinées au fleurissement printanier, comme les giroflées, les ravenelles, les *Matthiola*, etc.

Attention !

Veillez à ne jamais introduire les choux malades dans le tas de compost.

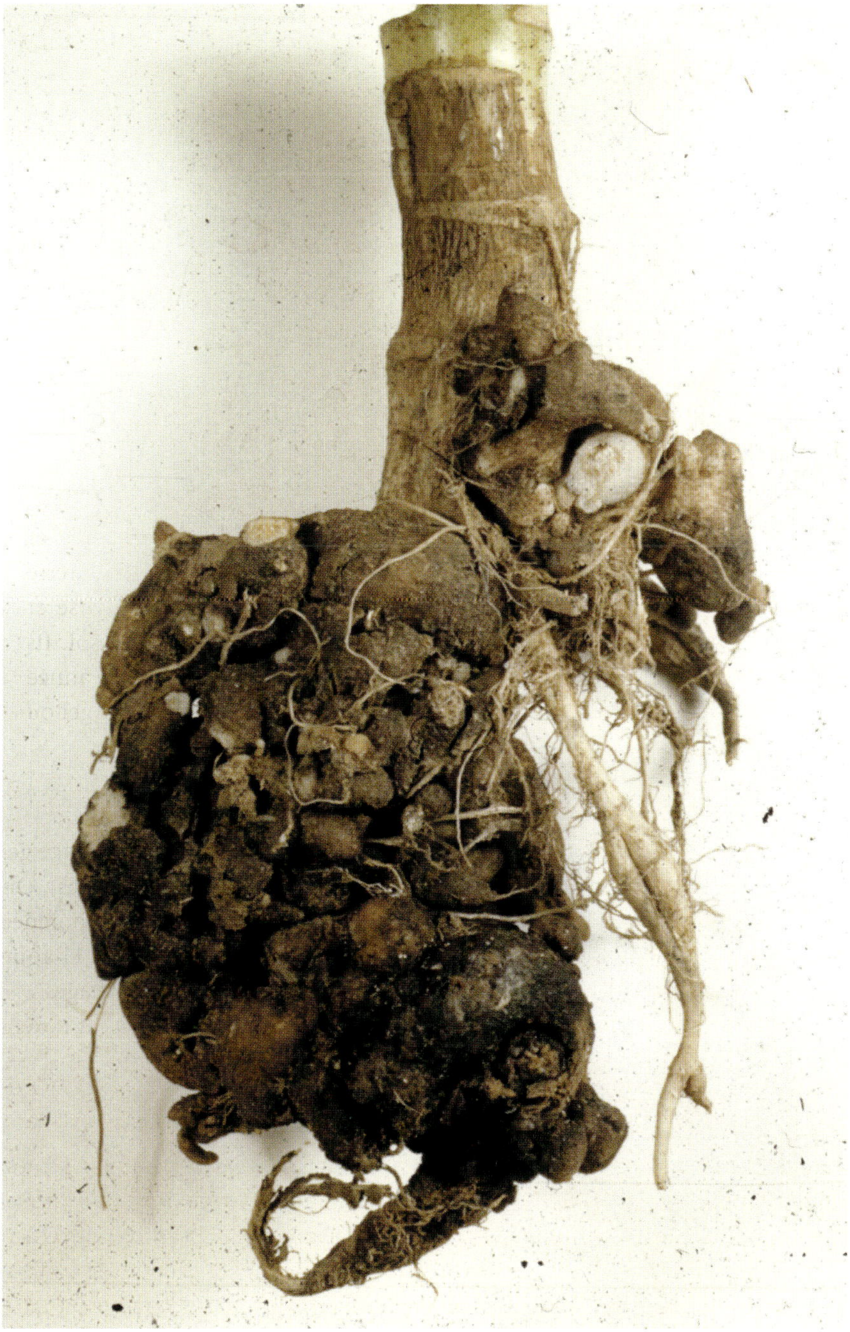

© D. Blancard/ INRA

› Semez un engrais vert de la famille des graminées (ray-grass) ou de la famille des légumineuses (vesce, trèfle, luzerne, féverole).

› Respectez une bonne rotation des cultures. Éliminez l'humidité excessive (drainage).

À savoir

Si vous jardinez en zone rurale, il faut éviter de cultiver les choux près des cultures agricoles de colza.

Maladies de carence

© D. Blancard/ INRA

Un déséquilibre ou une insuffisance de certains éléments nutritifs ou oligo-éléments déterminent de nombreuses maladies pas toujours faciles à discerner.

Alerte

› Le feuillage devient jaunâtre ; des pigments rouges apparaissent le long des tiges et des nervures : carence en azote.

› Les plantes sont rabougries ; le bord du limbe des feuilles brunit, se nécrose et s'enroule vers le haut (pomme de terre, pommier, rosier), les tiges peuvent être rayées de brun (pomme de terre) : carence en potasse.

› Le feuillage est vert foncé presque glauque. En fin de végétation, les feuilles se dessèchent sans jaunir ou prennent une teinte rougeâtre. La floraison est réduite : carence en phosphore.

› Les feuilles prennent une teinte jaune paille : carence en fer (voir chlorose).

› Sur les plantes de la famille des rosacées (pommier, poirier, cerisier, rosier), on voit apparaître des plages jaunes sur les bords du limbe des feuilles, avec un prolongement entre les nervures, puis ces plages brunissent et se nécrosent. Les feuilles tombent prématurément : carence en magnésium.

› Une mosaïque qui n'est pas d'origine virale envahit les feuilles d'épinards : carence en manganèse.

› Sur les pommiers, cerisiers, rosiers, framboisiers et mûriers, les feuilles jaunissent : jaunissement du limbe entre les nervures secondaires, ces dernières restant en revanche vert foncé. Plus tard, les symptômes sont les mêmes que ceux de la chlorose : carence en manganèse.

› Les rameaux des pommiers, poiriers, cerisiers ou pêchers présentent des entre-nœuds très courts, avec des feuilles disposées en rosette. Ces feuilles sont petites, étroites, ondulées sur leur bord et portent des taches jaunes. Les fruits restent petits : carence en zinc.

› Chez le pommier, les bourgeons des extrémités de certaines branches meurent, les pousses se dessèchent, les fruits se déforment, se crevassent et se recouvrent d'un liège interne : carence en bore.

› Les feuilles de betterave se rabougrissent, noircissent et meurent au cœur. La pourriture descend au centre de la racine (pourriture du cœur : carence en bore).

› Les feuilles des choux-raves, des navets et des choux-fleurs noircissent. Des taches brunes apparaissent sur la boule blanche du chou-fleur : carence en bore.

Prévention

› Au potager, pratiquez une bonne rotation des cultures.

› Faites faire une analyse de votre sol par un organisme agréé (renseignez-vous auprès de votre mairie ou de votre préfecture).

› Les carences en azote sont peu fréquentes dans nos jardins, sauf ceux créés récemment sur l'emplacement de terres agricoles (où un excès de nitrate est souvent malheureusement signalé).

› Enrichissez votre jardin en fumier et en compost.

› Au labour d'hiver : utilisez des engrais à « décomposition lente » riches en P (phosphore) et K (potasse). Évitez les excès de potasse en cas de carence en magnésium. On pourra aussi apporter du borate de soude en cas de carence avérée en bore.

› Utilisez des engrais enrichis en oligo-éléments (ceux-ci sont signalés sur les boîtes et les sacs d'engrais du commerce).

Traitement

› Contre la carence en magnésium, on peut utiliser du sulfate de magnésie ou des engrais enrichis en magnésie.

› Contre la carence en manganèse, des pulvérisations de sulfate de manganèse sont efficaces sur les arbres fruitiers ; on traitera au débourrement des bourgeons.

› Contre la carence en zinc, on traitera dans les premiers stades de la végétation avec une solution de sulfate de zinc neutralisée par de la chaux.

› Sur le pommier, des pulvérisations répétées de borate de soude après la floraison donnent de bons résultats.

› Des antibrunissements pour les conifères et les arbres (produits minéraux naturels à base de kiesérite) permettent de lutter contre les carences en magnésium et en soufre. Ils peuvent s'utiliser du printemps à l'automne.

› Pour certains traitements anticarences, nous vous conseillons de vous faire aider par une entreprise de jardin et espaces verts spécialisée et agréée.

La kiesérite

La kiesérite contient 25 % d'oxyde de magnésium et 50 % d'anhydride sulfurique. C'est un produit naturel que l'on peut mélanger à la terre au moment de la plantation ou pulvériser en fin de journée sur le feuillage des plantes atteintes par la carence en magnésium. Ne traitez pas par temps chaud ni en plein soleil.

Mammifères et oiseaux

Hormis nos animaux domestiques (chiens et chats), de nombreux animaux vivent aux alentours ou dans notre jardin. Les dégâts causés par ceux-ci peuvent être cependant limités si l'on prend quelques précautions.

Quantité d'oiseaux sont par ailleurs d'excellents auxiliaires dans la lutte contre les insectes parasites.

Épouvantail, aux Murs à pêches de Montreuil

ALERTE

› Nos bordures de buis sont jaunies, voire brûlées, le bas de nos haies de troènes ou de fusains semble grillé, certaines plantes vivaces sont tachées, la pelouse est parsemée de touffes d'herbes plus hautes et plus vertes que l'ensemble du gazon. Ce sont les conséquences de l'aspersion d'urine de chien.

› Nos jeunes semis sont bouleversés, certaines plantes comme la menthe, la valériane, le thym, la camomille, le persil ont été arrachées ou talées. Les troncs des jeunes ligneux sont griffés et écorcés (sureau, buddleia, kiwi, etc.). Cela démontre la présence d'un chat.

› Les étourneaux, les loriots, les grives sont des oiseaux de passage utiles au printemps mais nuisibles au moment des fruits. Les mésanges peuvent faire de nombreux dégâts au moment de la maturité des poires.

› Les corneilles noires sont dangereuses pour les couvées des autres oiseaux, mais elles peuvent également bouleverser nos plates-bandes et arracher les bulbes et toutes les nouvelles plantations.

› Le pigeon ramier, bien connu des jardins publics, est l'ennemi des semis en pleine terre, des gazons fraîchement semés, des bégonias et des choux.

› Les bouvreuils sont des mangeurs de bourgeons. Ils opèrent souvent l'hiver et principalement avant le départ de la végétation.

› Parmi les petits mammifères nuisibles, nous trouvons parfois, dans les jardins, des mulots, des lérots, qui sont des rongeurs et peuvent créer quelques dégâts sur les légumes-racines lorsque ceux-ci sont déterrés. La musaraigne, elle, est essentiellement insectivore. Les rats et les souris envahissent les greniers et les caves, les celliers et les cabanes de jardin.

› Parmi les grands mammifères, les lapins s'attaquent surtout la nuit au potager mais ils adorent aussi les chrysanthèmes et les dahlias. D'autres grands mammifères peuvent faire des incursions dans nos jardins, surtout si nous habitons non loin d'un massif forestier.

› Les sangliers peuvent retourner et détruire en une nuit tout un potager. Les cerfs, les biches et les chevreuils peuvent s'attaquer aux écorces et aux troncs de nos arbres fruitiers ou d'ornement. Ils les dégradent en les écorçant et peuvent entraîner leur dépérissement total.

Prévention

› Les chiens et les chats détestent l'odeur des produits soufrés.

› Les chats n'aiment pas gratter près des plants de rue, de géranium, de citronnelle, d'eucalyptus. Ils sont repoussés par le marc de café ou de thé, les peaux d'orange ou de citron.

› Protégez vos semis contre les oiseaux et les chats par des filets ou des châssis grillagés.

› Protégez vos arbres fruitiers avec des filets, installez divers épouvantails (plaques scintillant au vent). Là où les mésanges peuvent être redoutées, ensachez vos fruits de bonne heure. La présence du chat éloigne les oiseaux.

Filets de protection

Filet anti-oiseaux

› Pour éviter les dégâts causés aux troncs des arbres aussi bien par les griffes des chats que par les dents des grands mammifères, des protections en plastique ou grillagées sont en vente chez les pépiniéristes ou dans les jardineries. Certains manchons protecteurs contre le grignotage de l'écorce s'écartent avec la croissance de l'arbre.

› Des cordons répulsifs contre les lapins sont également en vente dans les magasins spécialisés.

› La pulvérisation régulière d'une macération de rue éloigne les campagnols, les mulots et les chats.

Traitement

› Contre les rongeurs, utilisez des raticides ou le piégeage.

› Lorsque l'écorce de vos arbres est grignotée ou bien rongée, nettoyez scrupuleusement la partie attaquée afin d'obtenir une surface lisse et sans bavure.

Désinfectez avec un produit de traitement total (pour lutter contre les insectes et les principales maladies : propiconazole + cypermethrine + dicofol), recouvrez enfin de mastic à cicatriser, puis installez un manchon de protection.

Mauvaises herbes

Plantes envahissantes et adventices

Il n'y a pas de « mauvaises herbes », il n'y a que des plantes dont on ne connaît pas aujourd'hui l'utilité ou qui n'ont pas maintenant leur place au jardin, disaient les vieux jardiniers. Il existe deux grandes catégories de plantes envahissantes :

– les adventices vraies, plantes vivant spontanément dans nos régions, transportées par le vent, les oiseaux, l'eau, les animaux ou l'homme, qui se développent dans nos jardins (issues généralement de graines) ;

– les plantes cultivées que nous avons nous-mêmes installées et qui s'avèrent envahissantes.

Alerte

Hormis le fait qu'une allée ou un gazon ont un aspect inesthétique lorsqu'ils sont envahis, les plantes adventices, en se développant sans contrôle, étouffent les plantes cultivées, gênent leur développement par la profusion de leurs racines et même parfois agressent les racines charnues en les perforant (chiendent).

Description, observation

› La petite ortie (*Urtica urens*) envahit les jeunes semis en pépinière, en châssis ou en pot et étouffe les jeunes plants.

› La grande ortie (*Urtica dioica*), outre qu'elle est franchement inesthétique et désagréable, peut occuper nos terrains potagers où elle gêne le développement des légumes. Elle parasite nos tas de compost et nos fossés. Elle est synonyme de jardin riche en éléments nutritifs. Maintenue dans un endroit discret, elle peut être utilisée par les jardiniers, en frais pour enrichir le tas de compost et favoriser la reprise de tomates (une poignée d'orties au fond du trou de plantation), en décoction et purin comme éliciteur. En outre, la soupe d'ortie est un excellent potage de printemps.

Mauvaises herbes

Prêle

› Les liserons (*Convolvulus arvensis* et *Convolvulus sepium*), grimpants ou rampants, ont de jolies fleurs blanches. Ils envahissent les haies et s'emmêlent aux plantes tuteurées (tomates, dahlias, haricots, etc.), gênant leur développement (réseau important de racines).

› Les chardons (*Carduus* et *Cirsium*), désagréables au toucher, étouffent les cultures, leurs racines profondes et fournies ont tendance à appauvrir et épuiser les sols. Ils sont gourmands en éléments nutritifs et profitent de nos engrais.

› La cardamine (*Cardamine hirsuta*) et les galinsogas envahissent les cultures en pots et en jardinières et les étouffent.

› La grande berce (*Heracleum sphondylium*) peut être allergisante et consomme les éléments nutritifs du jardin.

› La prêle (*Equisetum*) est envahissante tout comme les algues et les lentilles d'eau (*Spirodela, Wolffia* et *Lemna*). Elles nuisent au développement des plantes aquatiques, parasitent les abords et asphyxient les bassins.

› Le chiendent (*Cynodon dactylon* et *Agropyrum*) est très traçant, il transperce les tubercules et les racines charnues, causant des dégâts irréversibles, rendant impossible l'hiver la conservation notamment des pommes de terre, des cannas et des dahlias. Les insectes et les maladies profitent de ces blessures, en accélérant les processus de dépérissement et de pourriture.

› Certaines plantes peuvent s'avérer elles aussi envahissantes et gêner le développement des autres végétaux : la grande consoude (*Symphytum officinale*), l'oxalis, la verge d'or (*Solidago virga-aurea*), les topinambours (*Helianthus tuberosus*), les plantains (*Plantago*), le pissenlit (*Taraxacum*), le lierre (*Hedera*), les ronces (*Rubus*) peuvent aussi, lorsqu'elles sont très développées, étouffer les haies. Le lierre peut parfois empêcher le développement de certains arbres, voire les faire mourir (tout comme la glycine, les rosiers grimpants ou la vigne vierge).

› Certaines adventices créent parfois des situations catastrophiques pour la flore sauvage ou cultivée. On les appelle les « pestes végétales ». Parmi ces plantes envahissantes, on retrouve : l'ambroisie à feuille d'armoise (*Ambrosia artemisiifolia*), la renouée du Japon (*Fallopia japonica*) et sa cousine la renouée de Sakhaline (*Fallopia sachalinensis*), la balsamine géante (*Impatiens glandulifera*).

› Des espèces introduites par l'homme sont actuellement dangereuses pour nos cultures comme pour l'environnement. L'utilisation par les paysagistes et les services des espaces verts des collectivités territoriales d'espèces invasives pour le fleurissement (baccharis, buddleia, herbe de la pampa, bix, etc.) a permis l'introduction dans nos jardins de végétaux pouvant être considérés comme mauvaises herbes.

› Les semis par des apiculteurs ou leur « bienveillance » vis-à-vis d'espèces invasives à valeur mellifère (balsamine géante, robinier, berce du Caucase, verge d'or, etc.) et la vente libre sans aucune réglementation ni même information du public d'espèces au développement envahissant, comme les jussiées (*Jussieca*) ou la myriophylle du Brésil (*Myriophyllum*) pour décorer les bassins et les pièces d'eau, vont prochainement nous créer de nouveaux problèmes d'envahissement.

PRÉVENTION

› Maintenez votre jardin propre par des binages et des sarclages fréquents.

› Surveillez votre tas de compost et n'y introduisez pas de plantes sauvages ou envahissantes montées à graines.

› Tondez régulièrement votre pelouse. Fauchez régulièrement les fossés et les abords du jardin.

› Pour les allées, on peut passer des antigerminatifs.

› Désherbez rapidement vos semis et jeunes plantations.

› L'utilisation de plastique horticole et d'écorces de pin en paillage peut être recommandée pour les massifs de ligneux ou de plantes à fort développement.

› Des paillages à l'aide d'écorce de cacao, de paillettes de lin ou de chanvre, de tontes de gazon ou la pose de plastique horticole peuvent être d'excellents ralentisseurs de la pousse des adventices.

› Les racines de liseron et de chiendent devront être soigneusement ramassées et détruites aux labours d'hiver.

La verge d'or peut devenir envahissante

Les grimpantes sauvages peuvent être envahissantes

› Ne laissez jamais monter à fleurs les chardons, le pissenlit, la cardamine ou la bourse-à-pasteur (*Capsella*).

› Décrochez le lierre qui grimpe aux arbres. Nettoyez les mousses qui poussent sur les troncs à l'aide d'une brosse métallique et pulvérisez une bouillie cuprique. Certaines mousses peuvent être les « indicateurs de mauvaise santé » des arbres.

› Ne labourez jamais les oxalis, ne les binez pas, arrachez les touffes avec les racines à l'aide d'un transplantoir.

› Cultivez vos topinambours en container plastique semi-enterré ou en panier.

› N'utilisez pas les branches de buddleia pour faire des tuteurs, elles se bouturent facilement.

Traitement

À tous les traitements je préfère le binage et l'arrachage manuel des plantes adventices.

› Le désherbage thermique ou à l'eau chaude des allées et surfaces minérales est recommandé.

› Sur de petites invasions, le « jus de cuisson » de pommes de terre ou de l'eau javellisée peuvent s'avérer efficaces.

› Une décoction de feuilles de noyer (extrait fermenté à froid, réalisé en plongeant 200 g de feuilles fraîches dans 5 litres d'eau pendant 48 heures) brassée et pulvérisée pure peut être un désherbant efficace sur les jeunes pousses et empêche la germination des mauvaises herbes.

› La prêle et l'ortie peuvent être combattues avec de la chaux.

› Les désherbants : n'utilisez que des produits conditionnés pour les jardiniers amateurs. Ne vous procurez pas d'autres produits qui sont réservés à des usages professionnels et dont la formulation n'est pas adaptée à vos besoins. Vérifiez les conditions d'emploi. Les désherbants pour allées et trottoirs peuvent être préventifs (antigerminatifs) et détruisent toute végétation sans distinction. Ils peuvent aussi s'appliquer directement sur les plantes. Ce sont des désherbants foliaires. Ces produits peuvent être actifs par contact (herbicide foliaire de contact) ou par pénétration (herbicide foliaire systémique).

› Il existe aussi des désherbants sélectifs qui ne détruisent pas certaines mauvaises herbes et respectent un certain nombre de plantes cultivées (désherbants sélectifs pour gazon, pour l'oignon et l'échalote, pour les fraisiers, les betteraves, les rosiers, etc.).

› Attention ! En traitant votre gazon, prenez soin que le produit ne coule pas dans les plates-bandes à fleurs ou dans le potager.

› La température idéale pour un désherbage chimique se situe entre 10 et 20 °C, il faut éviter le plein soleil, s'enquérir de la météo (ne pas traiter avant, mais après une pluie), ne pas traiter par grand vent.

› Il existe dans le commerce des produits « antiliseron » qui détruisent cette plante jusqu'au plus profond des racines.

› Contre les algues et les lentilles d'eau, établissez un courant d'eau et ratissez régulièrement la surface du bassin. Traitez avec des sels de cuivre contre les algues.

› Les principaux désherbants autorisés au jardin familial sont à base de glyphosate.

Il faut *proscrire* l'utilisation du chlorate de soude, explosif, inflammable et dangereux pour la nappe phréatique.

Neuf conseils clés et précautions pour réussir un désherbage chimique

1. Lisez attentivement l'étiquette du produit : elle informe sur les conditions d'emploi et les risques.
2. Mettez des gants (voire un masque).
3. Respectez les doses prescrites.
4. Ne mangez pas, ne buvez ni ne fumez pendant que vous préparez votre bouillie et traitez votre jardin.
5. Tenez compte des conditions climatiques.
6. Évitez de traiter près des points d'eau.
7. Attention aux délais avant récolte, en cas d'utilisation de désherbants sélectifs au potager.
8. Rangez les produits hors de la portée des enfants et des animaux domestiques. Conservez les produits dans leur emballage d'origine.
9. Avant de jeter les emballages à la déchetterie, videz-les et rincez-les.

Rincez plusieurs fois le matériel de traitement.

Mildious

Phytophthora, Plasmopara, Peronospora, Bremia

© D. Blancard/ INRA

Le mildiou, maladie redoutée des jardiniers et des vignerons, est toujours associé dans notre esprit à son remède, la « bouillie bordelaise ».

Les craintes engendrées par cette affection, toujours justifiées, sont cependant parfois surévaluées. La méconnaissance des divers mildious et l'ignorance de la prévention en font une maladie « mythique » mais facile à combattre.

Alerte

› Le mildiou vrai de la tomate est causé par le *Phytophtora infestans*. Les symptômes sur les tiges et les feuilles sont à peu près les mêmes que chez la pomme de terre, mais chez la tomate ce sont surtout les fruits qui sont atteints. À la maturité, leur pulpe encore verte se marque de marbrures décolorées, puis d'un brun noirâtre et ils pourrissent lentement.

› Le mildiou terrestre de la tomate (*Phytophtora parasitica*) se manifeste sur les fruits encore verts.

› Un autre *Phytophtora* (*Phytophtora omnivora*) est une espèce très polyphage qui peut causer une maladie des semis d'arbres et d'arbustes ou la pourriture du collet (chez les cactées et les liliacées) ou des parties aériennes (fleurs de tulipes, bourgeons des azalées et rhododendrons) et enfin une pourriture brune des fruits (poires, fraises).

› Le mildiou de la vigne (*Plasmopara viticola*), importé d'Amérique vers 1878, est une maladie redoutable pour la viticulture. Il parasite aussi bien les feuilles (taches jaunâtres, puis feutrage blanc) que les fleurs et les jeunes grappes (souvent un duvet apparaît sur les fleurs et les jeunes grains que l'on appelle « rot gris » ou « rot brun »). Les rameaux sont sensibles avant l'« aoûtement » (lignification des rameaux qui a lieu au mois d'août).

› Le mildiou de la pomme de terre (*Phytophtora infestans*) se manifeste par des taches jaunâtres au début, puis qui se dessèchent au centre et sont souvent entourées par une auréole blanche. Le feuillage se recouvre d'un duvet blanchâtre et peut être partiellement détruit en quelques jours. Les tubercules peuvent être contaminés soit en place, soit au moment de la récolte (chair altérée, parties malades restant dures à la cuisson, taches, goût amer).

› Le mildiou de l'oignon et de l'ail (*Peronospora destructor*) est fréquent sur les jeunes semis à chaud : les plantules jaunissent et se couvrent d'un duvet violacé.

› Le mildiou de la betterave (*Peronospora farinosa* f. sp. *betae*) attaque les jeunes feuilles, qui se couvrent d'un duvet gris violacé.

› Le mildiou du rosier (*Peronospora sparsa*) se rencontre plus facilement dans les régions situées en dessous de la Loire. Il attaque les feuilles et les fleurs (petites taches entourées d'une auréole brune avec, à la face inférieure, un velouté blanc, peu visible).

› Le mildiou du pois (*Peronospora pisi*), assez fréquent et souvent grave, empêche le développement de la plante. Les feuilles sont déformées et portent un duvet violacé.

› Le meunier, dit mildiou des composées ou *Bremia lactucae*, se rencontre sur l'artichaut, l'endive, les cinéraires, les cardons, les chrysanthèmes et surtout la laitue. Les feuilles se couvrent de grandes taches décolorées qui portent à la face inférieure un fin duvet blanc pur.

› D'autres mildious plus spécialisés attaquent le cerfeuil (*Plasmopara nivea*), les groseilliers (*Plasmopara ribicola*), les semis de choux (*Peronospora parasitica*), les épinards (*Peronospora farinosa*) mais sont plus rares au jardin familial. Ils peuvent se développer plus facilement sous abri, dans les pépinières ou les grandes exploitations.

PRÉVENTION

› En règle générale, tous ces mildious se développent par temps humide ou sont dus à un arrosage mal effectué. Arrosez les végétaux au pied, en aménageant des cuvettes. Évitez de mouiller le feuillage et les fruits, surtout en période estivale. Pour les pommes de terre, évitez de planter des tubercules malades et, pendant la végétation, vous protégerez les organes « hors sol » par des pulvérisations préventives de bouillie bordelaise. Il faut récolter si possible par temps sec et laisser les tubercules se ressuyer avant de les rentrer en cave ou en cellier.

› Pour la tomate, effectuez deux ou trois pulvérisations préventives avec des produits cupriques ou de la bouillie bordelaise. Dans les régions touchées par le mildiou de la pomme de terre et de la tomate, il faut privilégier des variétés peu sensibles et ne pas planter de façon trop dense, tout en évitant les excès de fertilisation azotée.

Cul-noir, peut-être dû au mildiou ou à la gangrène des fruits

Recette de la bouillie bordelaise

On peut réaliser soi-même sa bouillie bordelaise. Pour cela, il faut avoir à sa disposition un récipient en bois ou en plastique d'une contenance de 50 litres (pas de récipient métallique).
Faites dissoudre 2 kg de sulfate de cuivre dans 50 litres d'eau. Versez ensuite par petites quantités l'eau sur de la chaux (2,5 kg si c'est de la chaux vive) puis complétez lentement jusqu'à 50 litres. Mélangez les deux liquides en versant le second dans le premier. On doit vérifier avec un papier de tournesol (mauve) qui virera au bleu (et non au rouge) que le liquide a bien été neutralisé par une quantité suffisante de chaux.

La bouillie bourguignonne

La bouillie bourguignonne est préparée de la même façon que la bouillie bordelaise mais le carbonate de soude remplace la chaux.

› Contre le mildiou de la pomme de terre, on peut utiliser de façon préventive de l'extrait fermenté de bardane ou de sauge.
› Pour les fraisiers, ne plantez que des plants sains et certifiés.
› Pour la vigne ainsi que pour toutes les autres plantes sensibles, on effectue aussi des pulvérisations préventives avec des produits cupriques. Il faut impérativement éviter la stagnation d'eau à proximité des ceps de vigne, éliminer les rejets et les gourmands et, surtout, bien surveiller le palissage.

Les extraits fermentés contre le mildiou

L'extrait fermenté de bardane a une action fongicide contre le mildiou de la pomme de terre. On laisse fermenter les feuilles et racines (1 kg pour 10 litres d'eau). Employez-le dilué à 5 % en pulvérisation.
L'extrait fermenté de sauge, moins efficace (1 kg de feuilles et fleurs dans 10 litres d'eau) sera dilué à 10 % avant d'être pulvérisé.

Petit truc

Pour rendre la bouillie bordelaise plus adhésive sur les feuillages, on peut la mélanger avec du lait (2 à 3 litres pour 50 litres de bouillie).

À savoir

Pulvérisez les fongicides après une pluie ou par temps couvert : le mildiou germe dans des gouttes d'eau. Détruisez les plantes atteintes en fin de saison.

› Si l'année passée vous avez eu quelques problèmes, notamment sur les épinards, l'endive, l'artichaut ou les rosiers, vous devez intervenir. il ne faut pas traiter systématiquement en préventif. Pour les arbres fruitiers, effectuez une pulvérisation de bouillie bordelaise lors de la chute des feuilles en automne. Ramassez et évacuez les feuilles, en prenant soin de ne jamais les introduire dans le tas de compost. Renouvelez le traitement préventif avant le départ de la végétation au printemps.

TRAITEMENT

› De nombreux produits à base de cuivre sont à votre disposition dans le commerce spécialisé ou dans les jardineries (bouillie bordelaise, bouillie bourguignonne, sulfate de cuivre, etc.). Les fréquences d'utilisation recommandées et la composition des produits sont diverses. Il faut bien lire le mode d'emploi avant toute utilisation en préventif comme en curatif. En cas de récolte et consommation des fruits et légumes traités, respectez bien les délais de réserve prescrits.

Mineuses

Mine sinueuse
© G. Blondeau/ Climax

Ces chenilles de petits papillons sont voisines des carpocapses et des tordeuses. On regroupe également sous le nom de mineuses diverses espèces communes dans nos vergers et sur nos arbres d'ornement.

ALERTE

› Les mineuses des feuilles, dont les plus communes appartiennent aux genres *Lyonetia* et *Cemiostoma*, se remarquent par les petites galeries, de formes variables, produites par des chenilles sous l'épiderme des feuilles des arbres.

› La mineuse en serpentin (*Lyonetia clerkella*) s'attaque plus spécialement au feuillage des pommiers, des pruniers et des cerisiers. La femelle dépose ses œufs isolément à la face inférieure des feuilles dans de petites excavations. La chenille fore une galerie étroite et sinueuse sous l'épiderme supérieur de la feuille.

› La mineuse œil-de-perdrix (*Leucoptera malifoliella*) dont la biologie est assez semblable à la précédente a une chenille qui fore une galerie circulaire de 5 à 6 mm de diamètre, de couleur rouille, recouverte d'une plaque blanche formée par l'épiderme supérieur de la feuille qui se trouve « décollé ».

› On distingue deux autres espèces voisines : *Coleophora hemerobiella* dont les chenilles vivent d'abord en mineuses, puis à la surface des feuilles, abritées dans un fourreau soyeux, et la petite mineuse du pêcher (*Anarsia lineatella*) surtout présente dans le sud de la France. Celle-ci s'attaque aux jeunes pousses qui se flétrissent rapidement, recourbées en forme de crosse avec écoulement de gomme (elle s'attaque parfois aux fruits, évidant ceux-ci).

› La mineuse peut également provoquer la défoliation précoce des marronniers et affaiblir les arbres en cas d'attaques répétées. L'insecte hiverne à l'intérieur des petites galeries creusées dans les feuilles tombées à terre.

Pommier 'Transparente de Croncel' victime de mineuse

La mineuse des écorces

Enarmonia formosana vit sous les écorces des arbres fruitiers, creusant des galeries en rejetant une sciure rougeâtre.

Les chenilles mineuses peuvent également se développer sur le saule. Des attaques ont récemment été observées.

DESCRIPTION, OBSERVATION

Tous ces papillons volent en été. La femelle dépose ses œufs isolément ou en rond à la face inférieure des feuilles, souvent près des nervures. Ils peuvent avoir plusieurs générations par an. Toutes les mineuses ont en commun de creuser des galeries dans les feuilles, les jeunes tiges, le bois ou parfois les fruits.

PRÉVENTION

Coupez et brûlez toujours les feuilles et les pousses attaquées. Détruisez les feuilles mortes au moment de leur chute.

En hiver, contre les chenilles hivernantes, traitez avec des huiles minérales.

TRAITEMENT

Les traitements sont difficiles, car il n'est pas aisé d'atteindre les chenilles avant leur pénétration dans les feuilles. Intervenez dès le printemps avec plusieurs pulvérisations à quinze jours d'intervalle, d'insecticides liquides comme la deltamethrine ou avec une pyréthrine à base de cypermethrine.

À savoir

Un piège avec phéromones contre la petite mineuse du pêcher est actuellement à votre disposition dans le commerce (efficace deux mois).

Monilioses

Rot brun des pommes et poires (*Monilia fructigena*), moniliose des arbres fruitiers à noyau (*Monilia laxa*), moisissure grise (*Botrytis cinerea*)

Moniliose
© D. Blancard/ INRA

Ces moisissures, classées dans la famille des héliotacées, se développent surtout par temps frais ou humide ou dans les atmosphères confinées.

Alerte

› Sur les poiriers et les pommiers : apparition de plaies chancreuses suivies du dessèchement des rameaux. Deux champignons voisins sont responsables de cette affection : *Monilia fructigena* et *Monilia laxa*, lesquels frappent les autres organes de la plante, notamment les fleurs.

› Sur les pruniers, les cerisiers, les pêchers et les abricotiers, à un point de blessure quelconque (piqûre, lésions résultant de choc, taille mal faite, grêle, etc.), il apparaît une tache de couleur violacée qui s'agrandit. Se forment ensuite des cercles concentriques de coussinets gris et bruns. Le fruit se momifie ensuite sur l'arbre. Les fruits en contact se transmettent la maladie. *Monilia fructigena* et *Monilia laxa*, responsables de cette affection, ont auparavant frappé les fleurs. Ces champignons hivernent dans les feuilles tombées au sol ainsi que dans les bourgeons et les plaies chancreuses.

› La moisissure grise dont le champignon responsable est *Botrytis cinerea* est très répandue et vit sur les déchets végétaux. Un tas de compost mal géré peut devenir rapidement un foyer de parasites redoutables. Cette moisissure cause la pourriture grise du raisin. Elle peut se développer sur les fraisiers et surtout, lors de printemps humides, elle peut envahir les giroflées, les cyclamens, les calcéolaires, les cinéraires, les pélargoniums et, plus tard en saison, s'attaquer aux inflorescences des chrysanthèmes, des dahlias et des asters. La laitue peut être aussi fréquemment atteinte par la moisissure grise.

Prévention

› Faites des traitements préventifs au cuivre avant le débourrage des bourgeons, sur les arbres fruitiers. Complétez avec une pulvérisation de soufre durant la floraison. L'hiver, le champignon résidant dans les fruits momifiés, brûlez-les ainsi que les rameaux atteints.

› La pourriture grise attaque surtout les végétaux en état de faiblesse. Enlevez tous les organes touchés (fruits, feuilles, collet) et détruisez-les (le mycélium hiverne sur les plantes mortes). Un éliciteur, comme le purin d'ortie en traitement préventif, peut être conseillé.

› Les insectes piqueurs peuvent transporter ces maladies d'une plante malade vers une plante saine : pensez au traitement insecticide (biologique si possible).

› Ne laissez ni fruits ni feuilles au sol pendant l'hiver et éliminez (par l'évacuation), les plantes parasitées par la pourriture grise.

TRAITEMENT

› Pour les arbres fruitiers, effectuez un traitement en fin d'hiver, au gonflement des bourgeons. Employez une spécialité contenant du cuivre comme la bouillie bordelaise. À l'ouverture des fleurs, puis à la chute des pétales, pulvérisez un fongicide organique de synthèse. La décoction de prêle est efficace contre la moniliose et l'infusion de raifort est recommandée surtout pour les pruniers et cerisiers.

› Contre la pourriture grise, des pulvérisations de produits spécifiques, pendant la végétation, peuvent être effectuées en cas de grande infestation.

© D. Blancard/ INRA

L'infusion de raifort

Efficace contre la moniliose des arbres fruitiers à noyau, elle se pulvérise pure sur l'arbre entier (300 g de feuilles et de racines dans 10 litres d'eau).

La pourriture sclérotique (Sclerotinia sclerotiorum)

Cette maladie, voisine de la pourriture grise, provoque la pourriture en cave et en silo des racines de betterave, de carotte, de céleri et parfois de canna ou de dahlia. Le champignon peut aussi entraîner la pourriture de la base des tiges ou du collet du topinambour. Seule une bonne désinfection du sol est efficace.

Mosaïques

Les viroses

Virose sur tomates

Les viroses (ou maladies à virus) sont des maladies généralisées : l'agent pathogène se trouve réparti sur l'ensemble des organes de la plante et fréquemment au travers de tous les tissus.

Les viroses sont réputées incurables. Certains insectes sont de loin les vecteurs les plus communs et les plus efficients de ce type de maladies, mais le virus peut se transmettre à la descendance par la graine, par la greffe, par le bouturage, le marcottage, la division des souches, par les débris végétaux restés au sol et par l'action du jardinier (manipulation, taille, ébourgeonnage, éboutonnage, etc.). Les mosaïques sont des affections redoutées dans les jardins familiaux et les propriétés anciennes, laissées quelque temps à l'abandon.

Alerte

› La mosaïque de la tomate est due au virus de la mosaïque du tabac, dont les symptômes sont bien marqués sur les jeunes feuilles. En cours de saison, elle peut être masquée. Elle se propage par les semences. Des taches vert clair avec des parties cloquées sont bien visibles sur le feuillage vert. Cette mosaïque affecte aussi parfois les *Nicotiana* décoratifs.

› La mosaïque du concombre est très répandue. On remarque en premier lieu, sur les feuilles, des taches chlorotiques qui se transforment bientôt en une mosaïque bien marquée sur les jeunes feuilles ; des aires jaunes alternent avec des zones vert foncé. Les feuilles restent petites. La plante est rabougrie (la maladie peut gagner les fruits et les déformer).

› La mosaïque de la laitue se remarque par un éclaircissement des nervures et par des taches jaune clair arrondies, s'opposant à des taches vert foncé. La salade est petite, ramassée et le cœur ne se forme pas.

› La mosaïque dite « commune » du haricot est généralement issue des graines déjà malades. Le feuillage se boursoufle par plages, les cloques sont de couleur vert foncé et brillent sur le fond clair du reste de la feuille, qui se déforme et se nécrose.

› La mosaïque, la jaunisse des nervures, la gravelle (ou poire pierreuse) sont des maladies à virus qui attaquent le poirier, déforment les fruits, les tachent et décolorent les feuilles.

› La mosaïque du dahlia se traduit par un éclaircissement des feuilles à la nervure (création de bandes irrégulières vert pâle). La plante devient rachitique (les hampes florales sont petites, les feuilles sont déformées et crispées).

› Les « mosaïques », « bigarrures », « frisolées », « enroulements » de la pomme de terre sont également des virus qui heureusement sont rares actuellement au jardin. Elles sont transmises par les insectes piqueurs se nourrissant de plantes malades ou par contact du feuillage. Le contact des racines entre elles ou avec des débris végétaux peut aussi transmettre ces virus qui déforment les plantes et décolorent les feuilles.

À savoir

La jaunisse du fraisier et la frisée, heureusement en voie de disparition, sont provoquées par quatre types de virus, qui peuvent agir seuls ou en combinaison. Ceux-ci apparaissent souvent sur les fraisiers anciens dans des jardins abandonnés et mal entretenus. Arrachez et brûlez ces fraisiers. Ne replantez pas (même des pieds de fraisiers sains et contrôlés) à l'emplacement de cette ancienne culture.

› Les pommiers, les cerisiers, les abricotiers peuvent être affectés par de nombreuses mosaïques qui présentent des aspects divers sur les feuilles.

PRÉVENTION

› Utilisez des graines et des jeunes plants sélectionnés et des variétés peu sensibles.

› Désinfectez les terreaux issus de votre compostage.

› Lavez-vous fréquemment les mains au savon pendant le repiquage des jeunes plants (tomate, laitue, concombre, dahlia, etc.).

› Désinfectez les outils de taille (alcool).

› Détruisez les insectes piqueurs du type puceron. Les plantes malades doivent être détruites et évacuées sur-le-champ et non coupées et jetées au sol, car les pucerons ont le temps de s'en aller disséminer la maladie dans le jardin.

› Utilisez des outils de jardin propres et soigneusement désinfectés à l'alcool à brûler.

› Pour les viroses des arbres fruitiers, la sélection sanitaire des porte-greffes et des greffons s'impose : les pépiniéristes se doivent de vous offrir des plantes « non virosées ».

› De nombreuses plantes cultivées et sauvages hébergent les virus. Surveillez l'ensemble du jardin et éliminez les plantes douteuses.

Traitement

Aucun traitement curatif n'est connu.
Pour la mosaïque de la tomate : éloignez de votre culture les concombres, les céleris, les pensées, les primevères et les glaïeuls. L'élimination au repiquage des pieds douteux est recommandée.
Pour la mosaïque du concombre : ne récoltez pas vos graines et n'établissez pas de culture au voisinage d'autres cucurbitacées ou de tomates. Faites des traitements insecticides.
Pour la laitue : un traitement avec une décoction de tabac au repiquage est conseillé.
Pour les dahlias : détruisez les pieds douteux et effectuez des traitements insecticides.

Datura metel *'Oeschberg' craint la virose*

Mouches des végétaux

Sont appelées « mouches » par les jardiniers de nombreuses espèces de diptères plus ou moins ravageuses, dont les plus redoutées au jardin familial sont la mouche de la carotte (*Psila rosae*) et la mouche de l'oignon (*Delia antiqua*).

Mouche de l'oignon
© R. Coutin/Opie

Alerte

› La mouche des fruits (*Cerathis capitala*), surtout présente dans le sud de la France, attaque les pêches, mais ses larves peuvent vivre dans les fruits les plus divers (poires, abricots et même agrumes). Une femelle peut pondre de 300 à 400 œufs. On peut trouver dans un même fruit une trentaine de larves qui s'enfoncent dans la pulpe. Extérieurement, l'attaque se reconnaît par l'apparition d'une petite tache brune, molle au toucher. L'intérieur du fruit pourrit et celui-ci tombe prématurément.

› La mouche de la cerise (*Rhagoletis cerasi*) s'attaque de préférence aux bigarreaux et aux cerises noires ; sa larve est appelée ver des cerises. La femelle dépose généralement un œuf par fruit et choisit des fruits prêts à mûrir. Les fruits attaqués s'amollissent et ne se conservent pas.

› La mouche de l'asperge (*Platyparea poeciloptera*) est certainement la plus grosse de ces mouches. Elle présente sur ses ailes des bandes enfumées bien marquées. Elle n'est nuisible que sur les jeunes plantations d'asperges et s'attaque aux griffes et aux jeunes pousses. Il est difficile de remarquer sa présence lorsqu'elle est dans le sol. Surveillez bien les adultes : lorsque les tiges feuillées sont sèches, il est trop tard pour intervenir.

› La mouche de la carotte fait de gros dégâts sur les collets et les racines. La larve de cette mouche mine les radicelles des jeunes plants, qui meurent.

Bon à savoir

Les cerises précoces et les griottes sont généralement peu attaquées par la mouche des cerises.

Attaques de la mouche de la carotte
© R. Coutin/Opie

Plus tard, les larves creusent des galeries dans les racines et ouvrent ce faisant autant de voies d'accès aux pourritures. Elles peuvent s'attaquer au persil.

› La mouche de l'oignon fait pourrir rapidement les bulbes, les plantules meurent, les feuilles flétrissent. Les bulbes se décomposent et renferment une larve blanche de 5 à 8 mm de longueur. Ses asticots sont capables de passer d'un bulbe à l'autre dans le sol. Cette mouche peut s'attaquer à l'ail ou au poireau.

› La mouche des choux (*Delia radicum*) qui s'attaque également au navet ou au radis nous alerte par un jaunissement des plantes qui ne poussent plus et parfois meurent. Leurs racines sont creusées de galeries sinueuses. Elles peuvent encore renfermer une larve grise de 8 mm.

› La mouche de la betterave (*Pegomyia betae*) s'attaque aux feuilles sans trop toucher le collet.

› Les mouches de l'œillet (*Hylemyia brunnescens*) et du chrysanthème (*Phytomyca atricornis*) minent les feuilles. Elles ne sont présentes que sur des végétaux anciennement plantés. Les horticulteurs-pépiniéristes fournissent en règle générale des plantes saines, indemnes de ce parasite.

À savoir

La variété de carotte 'Flyaway F1' de type nantaise, précoce, est résistante à la mouche de la carotte. Elle peut être semée en association avec des radis. Il vous en est même proposé des graines issues de l'agriculture biologique.

Description, observation

Toutes ces mouches ont deux ailes transparentes. Elles peuvent être de diverses nuances de coloris (noir, gris clair, gris foncé, marbrés, fumés et même « blanc-noir et jaune » pour la mouche des fruits). Leurs larves, parfois nombreuses, sont appelées asticots.

Prévention

› Pour certaines variétés potagères, notamment la carotte, il existe une sélection de plantes résistantes à la mouche. Les sachets de graines portent généralement en évidence cette mention.

› Pour les mouches des fruits et des cerises, le piégeage à l'aide de pièges jaunes englués ou avec des pièges gobemouche sucrés est recommandé.

› Si les attaques sont fréquentes dans votre jardin, évitez de semer les carottes en juin et de planter les choux en avril-mai. Semez dans un endroit exposé au vent. Favorisez la présence des auxiliaires : carabes, staphylins.

› Arrosez régulièrement avec des macérations d'ail ou de ciboulette et des infusions de tanaisie ou de consoude.

› Posez des filets anti-insectes.

› Ensachez vos fruits, récoltez et brûlez les fruits atteints.

Traitement

› Des produits à base de diethion sont à votre disposition dans le commerce. Ils ont une action de longue durée sur les larves comme sur les adultes.

› Des décoctions de tabac pulvérisées sont efficaces contre les adultes.

› Il faut détruire les plantes potagères atteintes et ne pas les introduire dans le tas de compost.

Nuile rouge des courges

Anthracnose, nuile rouge des cucurbitacées (Glomerella lagenarium)

© D. Blancard/ INRA

Le développement au jardin familial de la culture des cucurbitacées, lié à l'engouement pour certains des fêtes d'Halloween, a vu réapparaître ce champignon autrefois très présent sur les melons.

Alerte

Le champignon détermine sur les feuilles des cucurbitacées des taches décolorées dont le centre devient par la suite brun rougeâtre. Sur les tiges et les pédoncules des feuilles, les taches sont en léger creux. Souvent, l'altération fait le tour de la tige et provoque le dessèchement des parties végétales situées au-dessus de l'affection. Sur les fruits, des taches brunes forment des zones en cuvette.

Les fruits attaqués sont alors inesthétiques et impropres à la consommation.

Prévention

› Ne cultivez jamais des plantes de la famille des cucurbitacées (melon, courges, pastèques, courgettes, potirons, concombres, coloquintes, corni-

Potiron rouge sain

chons, etc.) deux années de suite au même endroit. Une rotation des cultures sur trois années est même recommandée. Les courges font bon ménage avec les haricots à rame, le maïs sucré et le tournesol qui leur procurent un peu d'ombre en période chaude sans nuire à leur développement.

> ### *Qu'est-ce que le lithothamne ?*
>
> Le lithothamne est un amendement calcaire apporté par une algue marine : il augmente la résistance des plantes aux maladies et aux attaques des insectes.

› Il faudra impérativement détruire les déchets de plantes malades et ne pas les introduire dans le tas de compost.
› Si vous récoltez vous-même vos graines (attention aux hybridations incontrôlées), utilisez des porte-graines sains (fruits non malades). En règle générale, les semences vendues dans le commerce sont désinfectées.
› Pulvérisez des poudrages de lithothamne préventifs.

Traitement

› Pulvérisez de l'oxychlorure de cuivre additionné de soufre micronisé.
› Des pulvérisations au zinèbe ou au manèbe avant l'époque de croissance des fruits sont efficaces.

L'anthracnose du haricot

Une maladie voisine de la nuile rouge, l'anthracnose du haricot (*Colletotrichum lindemuthianum*), possédant les mêmes symptômes, est surtout grave sur les gousses et les graines. On peut la traiter préventivement et curativement de la même manière. Dès l'apparition de l'affection sur les plantules, les feuilles et les gousses, je vous conseille d'arracher et de brûler la plante.

Tournesol

Perce-oreille

Forficule (*Forficula auricularia*)

© G. Blondeau/ Climax

Attention

Outre de nombreuses fleurs qu'ils dégradent, les perce-oreilles aiment à parasiter certains fruits comme les pêches, les nectarines ou les abricots.

Le perce-oreille est surtout redouté par nos amis collectionneurs de dahlias et de roses ainsi que par les horticulteurs-fleuristes.

Alerte

Les perce-oreilles se rencontrent sur les feuilles, qu'ils tachent de brun à la suite de leurs mordillements. Ils viennent manger la nuit les jeunes pousses, surtout celles de haricots et de petits pois et les fleurs de dahlias, de chrysanthèmes, d'œillets et de roses dont ils sont friands. Parfois, ils s'attaquent aux fruits.

Rose

Description, observation

Les forficules adultes sont faciles à reconnaître grâce à leur agilité et à leur corps brun foncé se terminant par une forte pince chez les mâles et par deux baguettes parallèles chez les femelles. Les femelles pondent en terre en avril-mai. Les jeunes larves, qui éclosent en mai-juin, restent groupées dans une sorte de nid, mangeant les jeunes racines.
Ces insectes recherchent les lieux frais, humides, obscurs, vivant cachés le jour et sortant la nuit.

Prévention

Installez des pièges au sol, sous lesquels vous recueillerez les insectes (tuiles, bottes de paille, vieux papiers, vieux chiffons, etc.) ou sur les tuteurs accompagnant les plantes (pots renversés garnis de foin).

Traitement

Traitez avec un insecticide à base de diazinon, de manèbe ou d'alphaméthrine, le soir à la tombée de la nuit, juste avant que ces insectes s'activent.

Piéride du chou

Pieris brassicae

© G. Blondeau/ Climax

ALERTE

Ce papillon, très commun en France, pond fin mai-début juin sur la surface inférieure des feuilles de choux. En une dizaine de jours (ou en moins de temps s'il fait très chaud), les œufs éclosent. Les jeunes chenilles se dispersent d'abord sur les feuilles, puis sur toutes les faces de la feuille (dans leur jeune âge, elles fuient la lumière). Ces chenilles font une énorme consommation de feuilles, effectuant dans celles-ci de larges trous et des échancrures, laissant finalement un squelette de grosses nervures.

Leur croissance finie, les chenilles se transforment en chrysalides, puis en papillons qui donnent de nouvelles pontes en juillet. Ils seront le point de départ d'une génération d'été de chenilles. Parfois, dans le sud de l'Europe, une génération peut apparaître fin août-début septembre.

DESCRIPTION, OBSERVATION

› Papillon pouvant atteindre entre 4 et 6 cm d'envergure, aux ailes blanc jaunâtre, possédant des taches noires.

› Les femelles, c'est-à-dire les papillons ayant quatre taches noires sur le milieu des ailes, pondent des œufs jaune d'or ornés de stries, allongés en forme d'olive.

Les autres piérides

Deux autres piérides sont souvent confondues avec *Pieris brassicae*, il s'agit de la piéride de la rave (*Pieris rapae*), plus petite, dont la chenille est vert sombre finement strié, et la piéride du navet (*Pieris napi*), dont les papillons sont verdâtres et présentent des nervures ombrées.

› Les chenilles sont très reconnaissables à leur corps finement velu de couleur gris tacheté de petits points jaunes ou verts. Elles peuvent atteindre 5 cm.

› Les chrysalides sont anguleuses, grises, et se développent souvent le long

L'infusion d'absinthe

Elle éloigne la piéride du chou. Elle peut être réalisée avec une poignée de feuilles fraîches d'*Artemisia absinthium* plongée dans 1 litre d'eau froide. Portez à ébullition et laissez macérer un quart d'heure.

des murs, sur les piquets du potager ou les troncs d'arbres.

› En général, les piérides se multiplient brusquement et apparaissent par importantes pullulations, surtout par fortes chaleurs.

PRÉVENTION

› Plantez du trèfle autour des planches de choux. Faites une culture associée avec le céleri, la tomate et l'œillet d'Inde.

› Pulvérisez sur les choux une infusion d'absinthe.

TRAITEMENT

› Ramassez les chenilles. En cas de pullulation, luttez contre les jeunes chenilles en appliquant du *Bacillus thuringiensis* ou un insecticide à base de pyrèthre ou de roténone.

Bacillus thuringiensis

Cet insecticide naturel agit contre toutes les sortes de chenilles. Celles-ci ne s'alimentent plus quelques heures après le traitement, meurent un à trois jours plus tard.

Pourriture des racines

Pied noir, Phoma

Dans le groupe des champignons de la famille des deutéromycètes ou adelomycètes, dont la forme de reproduction sexuée est mal définie, on range de nombreuses maladies comme l'anthracnose du pois (*Ascochyta pisi*) et la septoriose du céleri (*Septoria apiicola*). Le genre *Phoma* s'attaque à divers organes : racines, tiges et fruits. Cette maladie est souvent présente dans les jardins des amateurs de légumes anciens ou oubliés, ou des collectionneurs qui récoltent eux-mêmes leurs semences dans un but de conservation de la biodiversité des cultivars. Certaines variétés légumières intéressantes sur le plan gustatif comme sur celui du patrimoine végétatif horticole ont en effet disparu des catalogues des semenciers.

Alerte

Le *Phoma rostrupii* (*Leptosphaeria libanotis*) provoque une pourriture brune de la carotte et le *Phoma betae* est responsable du pied noir de la betterave. Ces maladies sont souvent indécelables en début de saison. En été, les feuilles se couvrent de taches brun clair ponctuées de noir.

Prévention

› N'utilisez que des semences saines et désinfectées.

La vinasse de betterave

Les vinasses de betterave sont des extraits potassiques, sous forme de poudre très fine, issus de la betterave associée à la levure de boulangerie.

› Pratiquez une bonne rotation des cultures (poireaux, choux-fleurs peuvent également prévenir la maladie en culture associée).

› Utilisez des engrais organo-minéraux comme l'oxyde de potassium apporté par des extraits de vinasse de betterave.

› Si vous récoltez vous-même vos graines, vérifiez l'état sanitaire du « porte-graines ». Avant le semis, faites tremper les semences 25 minutes dans de l'eau à 50 °C.

› Limitez l'humidité du sol, qui favorise la diffusion des champignons qui sont disséminés par la pluie (mais aussi par le vent, les oiseaux et les insectes).

Traitement

Les produits cupriques (bouillie bordelaise) et des fongicides liquides systémiques (myclobutanil) agissent de façon préventive et curative sur le *Phoma*. Ils s'utilisent en pulvérisation.

© D. Blancard/ INRA

Pucerons

© D. Blancard/ INRA

Ce sont certainement les insectes les plus nuisibles au jardin familial. Leur capacité de nuisance et de reproduction est énorme et leur appétit insatiable ! Ils vivent en colonies, aussi les remarque-t-on aisément. Il en existe d'innombrables espèces ; les plus observées sont les pucerons noirs, les pucerons verts, les lanigères.

ALERTE

Au potager, et notamment sur les fèves, les choux et les artichauts, de grandes invasions de pucerons entraînent un retard de croissance des plantes, le miellat excrété peut se couvrir de fumagine. Au verger, le puceron lanigère (*Eriosoma lanigerum*) est couvert d'un duvet blanc, il commet de graves dégâts : ses piqûres provoquent, sur les rameaux, les branches et les troncs, de grosses boursouflures qui affaiblissent les arbres, pouvant entraîner la mort des sujets. Dans nos plates-bandes et jardinières, les pucerons noirs raffolent des dahlias, des sauges bleues (*Salvia farinacea*), des chrysanthèmes et des capucines, et les pucerons verts (*Macrosiphum rosae*) occupent la face inférieure des feuilles de rosier qui deviennent visqueuses, les jeunes pousses se recroquevillent et les boutons floraux sont aussi attaqués. Deux plantes sont connues des jardiniers sous le nom de « nids à pucerons » et nous avertissent en cas d'invasion en étant les premières agressées : il s'agit de la capucine (*Tropaeolum majus*) et de la boule-de-neige (*Viburnum opulus*). La présence de fourmis dénonce aussi celle des pucerons. Elles sont friandes du miellat que ceux-ci sécrètent. Dans certaines régions, on désigne les pucerons sous le nom de « vaches des fourmis ». En règle générale, les pucerons effectuent de gros prélèvements de sève, les fleurs peuvent avorter et les fruits rester petits ou présenter une mauvaise venue. Ils sont également vecteurs de viroses.

DESCRIPTION, OBSERVATION

Le corps des pucerons, qui dépasse rarement 4 mm, a la forme d'une petite poire, la tête munie d'un rostre en forme d'aiguille étant située sur l'extrémité la plus effilée. Ils possèdent des pattes grêles et de longues antennes difficiles à remarquer à l'œil nu. Les colonies font souvent une gaine vivante au sommet des tiges. Les pucerons peuvent se multiplier par reproduction sexuée ou par parthénogenèse.

PRÉVENTION

› Veillez à ce que vos plantes ne souffrent ni de carence en phosphate et potasse ni d'excès d'azote.

Salvia farinacea *'Strata' (bleue) et* Salvia farinacea *'Midi' (blanche)*
La sauge bleue est rapidement attaquée par les pucerons

Salvia fulgens *(rouge) et* Salvia uliginosa *(bleue). La sauge craint les pucerons*

› Éloignez les fourmis et favorisez l'apparition des ennemis naturels des pucerons : syrphes, coccinelles, forficules, en plantant à proximité de vos cultures fruitières et légumières des fleurs à nectar.

› Plantez au jardin d'agrément et dans les jardinières de la mélisse citronnelle (*Melissa officinalis*) ou des pyrèthres (*Chrysanthemum parthenum, Pyrethrum caucasicum, Tanacetum cinerariifolium*), qui éloignent les pucerons.

› Faites quelques traitements préventifs à base d'extraits fermentés de lierre, de fougère ou de pyrèthre, d'infusion de mélisse ou de macérations de rhubarbe.

L'extrait fermenté de fougère

Prenez 1 kg de feuilles de fougère aigle (*Pteridium aquilinum*) pour 10 litres d'eau non calcaire. Brassez pour activer la fermentation, soutirez et filtrez. Utilisez dilué à 10 % en préventif et à 30 % en curatif. Il se conserve très bien dans une cave ou un cellier.

L'infusion de mélisse

Laissez infuser 50 g de plantes fraîches (feuilles et fleurs) dans un litre d'eau bouillante.
Laissez refroidir et pulvérisez l'infusion non diluée.
Elle ne se conserve pas.

La macération à froid de rhubarbe

Faites macérer 1,5 kg de feuilles dans 10 litres d'eau. Attendez 24 heures. Pulvérisez non dilué à trois reprises pendant trois jours. Attention, les feuilles de rhubarbe sont toxiques, seuls les pétioles sont comestibles. Rincez bien votre arrosoir et lavez-vous les mains après traitement.

› Le purin d'ortie fortifie et stimule la végétation (amélioration de la fonction chlorophyllienne). C'est un cocktail d'éléments organiques et minéraux qui aide la plante à supporter les attaques de pucerons.
› Faites un traitement d'hiver pour les arbres fruitiers ou d'ornement, à base d'huile minérale paraffinique.

TRAITEMENT

› En cas d'infestation, utilisez une macération de rhubarbe ou de l'extrait fermenté de pyrèthre (*Tanacetum cinerariifolium*), de fougère ou de lierre.
› Aspergez les colonies d'une solution de savon noir (avec de l'alcool à brûler contre les pucerons lanigères).

L'extrait fermenté de lierre

Mettez 1 kg de feuilles hachées dans 10 litres d'eau. Surveillez la fermentation car les feuilles contiennent des saponines, d'où une mousse blanche qui n'a rien à voir avec les bulles de la fermentation. Soutirez et filtrez, employez le plus rapidement possible en dilution à 5 %.

Le traitement au savon noir

Pour 10 litres d'eau (un arrosoir), diluez dans de l'eau tiède 300 ml de savon noir, puis rallongez en eau froide. Pour réduire grandement la mousse, rajoutez une cuillerée à soupe d'huile de table. Pour combattre les pucerons lanigères, on ajoute à cette préparation un verre à moutarde d'alcool à brûler afin de dissoudre la sécrétion blanche qui les protège.

› Traitez avec des insecticides naturels à base de pyrèthre, de roténone ou de fougère et, pour les rosiers et arbustes, avec un insecticide polyvalent qui agit par contact et par ingestion.
› Pulvérisez une décoction de tabac.
› Détruisez les fourmis avec des produits antifourmis (appâts, poudre ou arrosage) ou réalisez des barrières antifourmis avec de la glu à insectes.

La décoction de tabac

Laissez macérer dix jours un paquet de tabac gris (50 g) dans 10 litres d'eau. Filtrez avant utilisation, pure en cas d'invasion ou diluée trois fois en prévention, le soir, à la tombée de la nuit ou le matin « à la fraîche ».

Attention : ne traitez jamais en plein soleil ou par forte chaleur. N'utilisez pas au potager ou dans un lieu clos.

Rouille

Les rouilles, les urédinales

© D. Blancard/ INRA

Les champignons de l'ordre des urédinales sont tous des parasites. On les désigne communément sous le nom de « rouille » en raison de la coloration rougeâtre souvent présentée lorsqu'ils sont à fructification. On distingue plusieurs genres : les *Uromyces* (rouille du pois, rouille du haricot), les *Puccinia* (rouille du prunier, rouille de l'asperge, rouille de l'ail et du poireau, rouille du salsifis, rouille de la menthe, rouille du céleri, rouille du chrysanthème, rouille de l'iris, rouille de la mauve, rouille de l'œillet, rouille du buis, rouille noire du groseillier et du cassissier), les *Phragmidium* (rouille du framboisier, rouille du rosier), les *Gymnosporangium* (rouille grillagée), les *Melampsora* (rouille courbeuse), les *Cronartium* (rouille des pins, rouille des pivoines).

Alerte

Les rouilles se manifestent de différentes façons, selon les plantes parasitées. Chez le prunier, la chute prématurée des feuilles peut nous alerter. Sur le framboisier et le rosier, les jeunes organes se déforment au printemps. Chez le poirier, la maladie se manifeste sous l'aspect de taches de couleur rouge orangé couvertes de petits points noirs. La rouille dite grillagée, au mycélium vivace dans les rameaux du genévrier, provoque chez celui-ci la formation de tumeurs fusiformes sur lesquelles apparaissent au printemps des masses brunâtres gélatineuses.

La rouille courbeuse se traduit sur les jeunes pousses de pin sylvestre par des malformations (aspect buissonnant) et sur le peuplier tremble par des pustules orangées sur les feuilles en été. Lorsqu'elles deviennent brunes, cela entraîne la chute prématurée des feuilles.

La rouille sur les sapins

Les attaques de rouille sur les sapins (*Abies*) provoquent la formation de « chaudrons » (tumeurs) et de ramifications anormales, irrégulières (balais de sorcière).

La rouille du groseillier et du cassissier forme des pustules orangées auxquelles se mêlent de petites colonnes noires saillantes : elle s'attaque aux pins 'Weymouth' pour produire une tuméfaction à écorce crevassée où suinte la résine et qui dégénère en chancre. Sur ces chancres, après deux ou trois ans, apparaissent en mai-juin des petits points noirs, puis de grosses vésicules orange vif.

PRÉVENTION

Le cycle de développement de cette maladie se produit parfois sur la même plante. On dit alors que le parasite est autoïque. Mais souvent, il nécessite le passage sur des « plantes hôtes » distinctes. Le parasite est alors dit hétéroïque.

La rouille du pois (*Uromyces pisi*) a pour hôte l'*Euphorbia cyparissias*, mais la rouille du haricot est, elle, autoïque.

› Le *Tranzschelia pruni spinosae* qui s'attaque aux arbres à fruits à noyau, surtout au prunier, pour former sur les feuilles des pustules brunes, entraînant toujours la chute prématurée de celles-ci, a pour « plante hôte » les anémones. Il faudra donc arracher les pieds d'anémone poussant à proximité des pruniers.

› Le *Gymnosporangium sabinae* qui s'attaque au genévrier sabine s'attaque aussi au poirier (rouille grillagée) en se manifestant par des taches de couleur rouge orangé, portant à la face supérieure des petits points noirs. La prévention consiste à couper les *Juniperus* « sabine » dans un rayon de 500 m autour des vergers.

› Le *Melampsora pinitorqua* parasite le peuplier tremble et le pin sylvestre : on doit proscrire le mélange en culture de ces deux espèces.

› Le *Cronartium ribicola* (rouille des groseilliers), peu dangereux sur les groseilliers et cassissiers, peut en revanche s'avérer grave sur les pins âgés de 3 à 12 ans, lorsque la tige principale est attaquée. On évitera donc le voisinage des *Ribes* avec une jeune plantation de pins.

› Le *Cronartium faccidum* est une espèce voisine qui s'attaque aux pivoines et au dompte-venin (*Vincetoxicum officinalis*). Elle est très dangereuse pour le pin sylvestre. Des pulvérisations préventives de bouillie bordelaise doivent être envisagées.

› Pour contrer la rouille de l'ail et du poireau, il faut toujours choisir des variétés insensibles à cette maladie. Lors de l'arrosage, ne mouillez pas le feuillage, en orientant le jet au pied des plantes.

› Pour éviter la rouille de la rose trémière ou de la mauve (*Puccinia malvacearum*), il faudra, lors de l'achat des plantes, veiller à ce qu'elles ne présentent aucune trace de la maladie. Mettez-les en observation au moins quinze jours. Arrosez les plantes au pied en veillant à ne pas mouiller le feuillage.

› Prévenir la rouille du rosier (*Phragmidium subcorticum*), c'est installer les rosiers dans un sol meuble et bien drainé et dans un lieu ensoleillé et bien aéré. Ce champignon prolifère lorsque les sols sont humides et frais ou par temps longtemps pluvieux.

N'introduisez **jamais** de déchets de plantes malades dans le compost.

TRAITEMENT

› Contre la rouille de l'ail et du poireau, dès les premiers symptômes, enlevez les feuilles atteintes.

› Contre la rouille des arbres fruitiers, en juin faites un ou deux traitements avec des produits soufrés. Ramassez et éliminez les feuilles tombées. On peut également traiter avec un fongicide organique de synthèse à base de mancozèbe avant la floraison.

› Pour lutter contre la rouille du groseillier et du cassissier, on peut également utiliser en pulvérisation foliaire de l'extrait fermenté d'absinthe.

› Contre la rouille attaquant les végétaux non ligneux, la décoction de prêle est efficace. L'extrait ou l'huile de fenouil peuvent être également utilisés, ainsi que l'extrait fermenté de tanaisie.

› Des produits spécifiques de synthèse contre la rouille sont disponibles dans le commerce. Ils ne sont pas dangereux pour l'homme, les animaux ou les insectes dans des conditions normales d'utilisation.

La décoction de prêle

Prenez 500 g de prêle sèche. Faites bouillir dans 5 litres d'eau chaude pendant une heure. Diluez à 20 %. Pulvérisez préventivement dès le printemps, puis en été par temps frais.

L'extrait fermenté d'absinthe (Artemisia absinthium)

Il faut 1 kg de plante fraîche pour 10 litres d'eau.
Laissez macérer pendant quatre jours, diluez à 5 % puis effectuez une pulvérisation foliaire.

Rouilles des salsifis et des crucifères

La rouille blanche du salsifis et la rouille blanche des crucifères sont des maladies proches du mildiou et qui se traitent comme celui-ci (voir p. 102 et suivantes).

Tache noire du rosier

Taches noires des feuilles du rosier, Marssonina rosae

Maladie redoutable due à un champignon de la famille des mollisiacées. La tache noire envahit les jardins des particuliers comme les grandes roseraies.

Alerte

Ces taches, d'abord violacées rougeâtres puis noires, s'observent au cours de l'été et à l'automne. Les feuilles des rosiers se couvrent de zones noires plus ou moins arrondies entourées d'un halo jaune. Le feuillage touché jaunit, parfois tombe.

Prévention

› Privilégiez les variétés anciennes, souvent plus sensibles à l'oïdium mais plus résistantes à la tache noire. Le *Marssonina* est favorisé par une forte humidité (pluie ou arrosages). Les rosiers doivent être plantés dans un sol bien drainé.

› Apportez à votre sol un amendement calcaire magnésien et de la corne broyée ainsi que de la poudre de basalte et des oligo-éléments (magnésium). Les pulvérisations préventives au zinèbe ou au soufre fin mouillable sont efficaces.

› Il faudra détruire les feuilles mortes afin d'éviter que la maladie ne reste au sol, sans jamais introduire ces feuilles dans le tas de compost.

Renforcer les défenses de la plante

L'amendement calcaire magnésien à base de dolomie neutralise les sols acides, renforce la cohésion argile/humus. Il améliore les sols lourds en les rendant perméables et aérés et rééquilibre les sols pauvres en calcaire et magnésium. En pulvérisation sur les feuilles des rosiers, il les stimule et renforce leurs défenses naturelles. La période idéale de traitement est l'automne-hiver-début de printemps.

À savoir

› La corne broyée favorise croissance et feuillage, elle a une action progressive et de longue durée.

› La poudre de basalte allège le sol. Riche en magnésium, en silice et en oligo-éléments qui fortifient la plante, elle s'utilise en poudrage printanier.

Traitement

› Des traitements à base de propiconazole sont efficaces si l'infestation n'est pas trop importante. Seuls les traite-

© G. Blondeau/ Climax

ments préventifs peuvent donner quelques satisfactions.

› Il vaut mieux arracher et remplacer les pieds trop atteints, les détruire et désinfecter le sol, replanter des variétés saines en d'autres lieux que ceux évacués qui risquent d'être un foyer pour la maladie.

Je ne connais pas de traitement curatif à 100 % efficace.

› Il existe dans le commerce des produits spécifiques contre le *Marssonina* ou la tache noire. Avant de traiter, coupez les parties malades et ramassez les feuilles tombées sur le sol. Après avoir traité, évitez pendant une semaine de mouiller le feuillage.

› Le traitement au soufre en poudre sur des petites surfaces peut être parfois efficace.

Taupe

Talpa europaea

Cauchemar des jardiniers, de par son aptitude à dévaster en quelques heures un superbe gazon ou à retourner une planche au potager, la taupe n'en reste pas moins un auxiliaire utile.

Alerte

Les activités de fouissement de la taupe provoquent des dégâts dans tout le jardin : bouleversement des semis, sectionnement des racines (apparition de taupinières dans les massifs et les planches de légumes).

Description, observation

La taupe est un petit mammifère qui peut atteindre 15 cm de long pour un poids de 60 à 120 g. Elle a un museau rose, allongé en forme de trompe, une queue courte. Ses pattes antérieures munies de cinq doigts terminés par de longues griffes font office de pelle pour déblayer la terre des galeries. Son pelage est gris-noir, exceptionnellement blanc (il existe des taupes albinos).

La période de reproduction a lieu à la fin de l'hiver, début du printemps. Après quatre semaines de gestation, la femelle met bas une portée de 3 à 6 petits. Après l'allaitement (cinq semaines) et une courte période pendant laquelle ils restent auprès de leur mère (deux à trois mois), ils prennent leur indépendance et quittent les galeries familiales pour creuser leur propre territoire de chasse. Leur durée de vie est de trois à quatre ans.

La taupe est insectivore. Elle se nourrit de vers de terre, de limaces, de fourmis et de nombreux insectes qu'elle trouve en creusant, grâce à son odorat très développé. La taupe dévore chaque jour son poids en insectes.

> *Une terre idéale*
>
> Au printemps, vous pouvez récupérer la terre meuble des taupinières pour faire un excellent terreau pour les semis en pot ou en caissette. Cette terre bien fine et bien aéré est idéale.

Prévention

La taupe préfère les prairies au sol meuble, les forêts de feuillus, les pelouses et les jardins bien entretenus. Elle déteste les sols rocheux ou humides, les terrains sablonneux, la tourbe, les haies de conifères (thuya, *Chamaecyparis*, *Taxus*, etc.) ainsi que le pied des pins et des sapins.

La taupe déteste le bruit et les ultrasons. Elle évite de creuser autour de

© G. Blondeau/ Climax

certaines plantes dont l'odeur l'incommode, comme la grande euphorbe ou l'*Incarvillea*.

TRAITEMENT

› Le piégeage s'effectue avec des pièges à taupe mécaniques. Le piégeur doit être patient. Il existe de nombreux modèles de pièges en vente dans les jardineries ou par correspondance. Certains peuvent être même à « cartouches de chasse », trop dangereux à mon goût.

› Le gazage : il est effectué avec un gaz particulièrement toxique (hydrogène phosphoré). Il est possible de trouver dans le commerce des cartouches fumigènes utilisables par les particuliers. Mais je vous conseille, en cas d'invasion, de demander à votre mairie de vous mettre en contact avec un piégeur agréé dans votre département qui seul peut utiliser des produits réglementés.

› Vous pouvez également guetter, sans bruit, la taupe le matin de bonne heure, à la sortie de la taupinière afin de la détruire.

Idée reçue

Contrairement à une croyance très répandue, la taupe n'est pas hémophile. Il n'est pas utile de cerner votre jardin avec du fil de fer barbelé, des morceaux de verre ou des branches épineuses qui ne peuvent que nuire à votre confort.

Taupins

Coléoptères

ALERTE

Le collet des jeunes plantes nouvellement levées, surtout dans les semis effectués en mai-juin, est dévoré. On peut noter aussi, en saison, la perforation des tubercules de pomme de terre ainsi que la perforation des pivots des carottes et des céleris-raves. L'évolution des larves « fil de fer » dure plusieurs années et les périodes de dégâts ont lieu *surtout* au printemps et à l'automne et en période de sécheresse.

DESCRIPTION, OBSERVATION

Ces insectes aux mandibules proéminentes se reconnaissent à leurs ailes antérieures, dures, rabattues au repos et formant alors une sorte d'étui rigide, recouvrant les ailes postérieures qui servent au vol.

Ces coléoptères au corps en « navette » sont bien connus des jardiniers pour leur faculté de sauter assez haut lorsqu'on les place sur le dos. Les adultes, surtout nocturnes, se rencontrent en mai-juin. Ils sont peu nuisibles, mais leur larve, appelée dans les jardins familiaux « fil de fer », étroite et très allongée (jusqu'à 3 cm), de couleur jaune orange, est entourée d'une épaisse carapace qui la rend très résistante à l'écrasement. Elle est très vorace. Ses petites pattes lui permettent cependant des déplacements souterrains très rapides.

© G. Blondeau/ Climax

PRÉVENTION

› Désinfectez les sols après une action culturale superficielle (binage, pelouses récemment retournées).

› Évitez les amendements trop riches en matières organiques.

› Maintenez la fraîcheur et l'humidité du jardin, mais évitez les sols trop humides. Maintenez un bon drainage.

› Si votre jardin est infesté de taupins, plantez vos légumes après avoir cultivé de la moutarde en engrais vert.

› Favorisez l'installation des ennemis naturels : musaraignes, carabes, oiseaux.

TRAITEMENT

› Il est possible de lutter contre cet insecte en enfonçant dans le sol à

Sarrasin et moutarde peuvent être utilisés en engrais vert

Un engrais relevé

La moutarde blanche (*Sinapis alba*), crucifère qui étouffe les plantes adventices et enrichit le sol, est un engrais vert qui convient à tous types de sol.
Elle a une croissance rapide et doit être enfouie avant la floraison.

4-5 cm de profondeur des appâts contenant du pyrèthre.

› Une décoction de sureau (1 kg de feuilles dans 10 litres d'eau qu'on laisse tremper 24 heures puis qu'on fait bouillir une demi-heure). Pulvérisée non diluée, elle peut être efficace en cas de faible infestation.

› Un traitement avec un insecticide à base de poudre de roténone est utilisable jusqu'aux récoltes.

› Un traitement avec un produit à base de diazinon peut être également utilisé en épandage et peut vous débarrasser avec une certaine efficacité des larves de « fil de fer ».

Taveture

Venturia inaequalis, Venturia pirina

Les tavelures du pommier (*Venturia inaequalis*) et du poirier (*Venturia pirina*) sont certainement à ce jour les maladies les plus redoutées par nos amis jardiniers des jardins familiaux mais aussi les plus nuisibles sur le plan économique dans les exploitations fruitières.

Alerte

Ces maladies se caractérisent par des taches de couleur brun foncé, parfois verdâtres, d'aspect velouté sur les parties vertes de la plante. Les taches apparaissent surtout à la face supérieure du limbe chez le pommier, plus souvent à la face inférieure chez le poirier. Les jeunes rameaux portent aussi parfois des taches, surtout chez le poirier. La maladie est surtout grave sur les fruits. Ceux-ci se détachent et tombent au sol. Ils sont impropres à la consommation, sauf bien nettoyés, en compote.

> ### *À savoir*
>
> Les variétés de pommes 'Calville', 'Golden' et 'Reinettes', ainsi que les variétés de poires 'Passe-Crassane', 'Williams' et 'Beurré Hardy' sont très sensibles à la tavelure.

La maladie peut également se manifester pendant la conservation des pommes qui se ratatinent.

Prévention

› Le champignon se développe même en dessous de 15 °C s'il bénéficie d'humidité. Taillez et drainez en conséquence. Plantez de la ciboulette sous les arbres. Privilégiez les variétés résistantes signalées sur les catalogues des pépiniéristes.

› Pendant l'hiver, les champignons vivent dans les feuilles mortes. Ils peuvent aussi rester en parasites dans des pustules sur les jeunes rameaux ou les bourgeons.

Il faudra bien nettoyer son verger à l'automne et, surtout, se débarrasser des feuilles et des branchettes tombées à terre.

Traitement

› Appliquez un traitement à base de soufre juste avant la floraison. Attention ! certaines variétés de pommes ('Cox Orange' par exemple) sont sensibles au soufre.

› Si les températures sont inférieures à 15 °C, traitez à la bouillie bordelaise ou à l'oxychlorure de cuivre.

› La décoction de prêle peut s'avérer efficace contre la tavelure à condition

Fruits atteints de tavelure
© D. Blancard/ INRA

de pulvériser dès le printemps, puis en été, mais par temps plutôt frais.

› Pendant l'été, traitez après les pluies avec un fongicide à base de doguadine ou de mancozèbe. Des préparations phytosanitaires spécialisées « anticloque et antitavelure », fongicides préventifs et curatifs, sont actuellement à votre disposition dans le commerce.

Action du soufre

Les soufres fins mouillables ont une durée d'action contre la tavelure assez courte, ils peuvent aussi brûler par temps chaud. Mais ils ont l'avantage d'agir en même temps sur l'oïdium.

À savoir

Sur les poiriers, des traitements tardifs dans la seconde quinzaine d'août sont souvent utiles.

Tavelure du pêcher

Cladosporium carpophilum

© D. Blancard/ INRA

Alerte

Le champignon forme de petites taches qui se couvrent d'un duvet brun verdâtre, sur les feuilles, les rameaux et surtout les fruits.

Prévention

Le champignon peut se développer tôt en saison. Il apprécie les arbres touffus cultivés en terre lourde. Taillez en gobelet pour aérer le centre de l'arbre. Débarrassez-vous des branches trop vieilles ou blessées, ne laissez jamais au sol les tailles (brûlez ou évacuez), surveillez le drainage de votre verger.

Traitement

› Un traitement à base de soufre est préconisé juste avant la floraison.

Coup de fouet

Un végétal malade a besoin de se refaire une santé. N'oubliez pas d'ajouter un engrais de fond à décomposition lente ou un engrais « coup de fouet » en fonction de la saison, pour l'aider à repartir.

› Un mois après la chute des pétales et tous les quinze jours, jusqu'à un mois et demi avant la récolte, pulvérisez du soufre mouillable et un fongicide « anticloque antitavelure ».

Attention !

Ne surdosez jamais les produits antitavelure. Effectuez plutôt un traitement de plus en cas de résistance importante de la maladie.

'Tardive du Mont d'Or', pêcher sain

Teignes

Teigne du poireau
© R. Coutin/Opie

Sont désignés sous le nom de teigne de nombreux microlépidoptères appartenant à diverses espèces qui parasitent nos jardins en s'attaquant aux feuilles, aux fleurs, aux boutons floraux non éclos, aux bourgeons ou à certains légumes comme le poireau.

Alerte

› La teigne des vergers (dite du pommier et du prunier) ou hyponomeute est surtout commune dans les jardins négligés ou abandonnés. Ses chenilles, désignées sous le nom de « chenilles fileuses », vivent en colonies dans des nids soyeux entourant les feuilles qu'elles dévorent. Les papillons, qui volent le soir en juillet-août, mesurent de 15 à 20 mm d'envergure. Les chenilles dévorent l'épiderme supérieur des feuilles, respectant les nervures de l'épiderme inférieur.

› La teigne du fusain (hyponomeute du fusain) : la chenille vit en groupe au printemps, à l'abri de vastes toiles dont elle enveloppe les rameaux d'*Euonymus*. Il n'est pas rare de voir en juin-juillet les *Euonymus europaeus* entièrement dégarnis de feuilles par ces chenilles.

› La teigne des fleurs de pommier (*Argyresthia cornella*) est une chenille qui éclot au printemps avant l'éclatement des boutons à fleurs et dévore de l'intérieur les organes (étamines, pistil). Chaque fleur héberge une chenille. Celle-ci se tient dans le fond de la fleur, entre les étamines dans un petit fourreau soyeux.

› La teigne des fleurs de cerisier (*Argyresthia ephipella*) est un papillon nocturne. Le jour, il demeure caché sur les branches et sous les feuilles, posé sur ses pattes postérieures appliquées contre l'abdomen. Il forme avec son support un angle à 50°. Si on le dérange, il s'envole en zigzaguant d'un vol court et irrégulier. La chenille se comporte comme celle de la teigne des fleurs de pommier.

› La teigne des bourgeons (*Recurvaria nanella*) est très commune dans nos jardins. Moins dangereuse que les précédentes, elle attaque cependant les bourgeons et les boutons floraux.

› La teigne du groseillier (*Lampronia capitella*) parasite les fleurs puis les fruits du groseillier. Les baies attaquées rougissent prématurément. Elle attaque aussi les bourgeons en les évidant et en rejetant une sciure.
› La teigne du lilas (*Gracilaria syringella*) attaque les feuilles des *Syringa* mais ne fait pas de dégât sur les fleurs.
› La teigne du poireau (*Acrolepia assectella*) se manifeste par la présence de sciure dans le cornet de la plante.
› La teigne des crucifères (*Plutella maculipennis*) a une chenille qui broute les feuilles de choux et de nombreuses plantes sauvages (navette, crambe).

Et les pyrales ?

Les pyrales (du maïs, jasmin, haricot, vigne, choux), dont la chenille mine la moelle des tiges de plantes variées, en particulier des chrysanthèmes, vivent sur de nombreuses plantes sauvages ou cultivées. Ce sont des papillons voisins des teignes. Leur traitement phytosanitaire est similaire.

DESCRIPTION, OBSERVATION

› La teigne du pommier et du prunier est un papillon qui peut atteindre 20 mm d'envergure. Ses ailes antérieures sont blanches, parsemées de points noirs.
› La teigne du fusain est également blanche tachée de points ou de plaques noires.
› La teigne des fleurs de pommiers est un papillon mesurant de 10 à 12 mm. Ses ailes antérieures de couleur blanc pur portent quelques petites taches gris-brun, les postérieures de couleur gris-brun foncé sont frangées de longues soies grises.
› La teigne du groseillier mesure de 14 à 16 mm d'envergure. Les ailes brun sombre teintées de reflets pourpre-violet portent des taches triangulaires jaunes. Elle vole en juin. Toutes les chenilles de ces teignes mesurent entre 4 et 6 mm.
Les chenilles adultes des hyponomeutes peuvent atteindre 2 cm de longueur.

PRÉVENTION

› Tenez votre verger dans un bon état sanitaire. Ramassez les feuilles et les fruits tombés au sol.
› Surveillez la formation de cocons et de nids.
› Cicatrisez correctement les troncs et branches de vos arbres : de nombreuses teignes pondent dans les fissures des écorces où les œufs passeront l'hiver.
› Faites un traitement ovicide hivernal préventif.
› Pour les poireaux : trempez-les avant plantation dans une solution contenant de la roténone ou de l'eau de Javel très diluée.

Mieux vaut prévenir…

Des solutions de « protection phytostimulante » à base d'ortie, de prêle, de consoude ou de fougère induisent chez les végétaux des réactions de défenses naturelles vis-à-vis des attaques des parasites. La fougère a des vertus insecticides et répulsives grâce à différents acides organiques et tanins.

TRAITEMENT

À l'apparition des jeunes larves, traitez avec du *Bacillus thuringiensis* (actif seulement sur les jeunes chenilles) ou avec de la roténone ou des pyréthrines.

Thrips

Frankliniella occidentalis

On nomme thrips diverses espèces d'insectes plus ou moins ravageurs dans nos cultures : le thrips des serres (*Heliothrips haemorrhoidalis*) dont la nymphose s'effectue surtout dans les terreaux non désinfectés. Le thrips du poirier (*Taeniothrips inconsequens*), assez commun dans tous les vergers, mais dont les dégâts se limitent à la déformation de quelques feuilles. Plusieurs thrips sévissent sur rosier (*Thrips fuscipennis, Frankliniella occidentalis*...) et s'attaquent aux fleurs et le thrips du glaïeul affecte les bulbes des anciennes variétés, conservées sans précautions.

ALERTE

› Le thrips du rosier vit sur les fleurs au moment où elles commencent à s'épanouir. Larves et adultes mordillent les pétales qui se couvrent alors de multiples petites taches brunes. Les roses se déforment mais le rosier peut supporter cette agression.

› Le thrips du glaïeul mord et suce les feuilles qui se décolorent, les cellules blanchissent. Les fleurs se montrent irrégulières, les bulbes peuvent avoir une mauvaise conservation.

› Le thrips du poirier pond dans les bourgeons ou les boutons en voie de développement.

DESCRIPTION, OBSERVATION

C'est un insecte brun foncé, assez agile, pouvant mesurer de 1 à 3 mm selon les espèces, aux ailes étroites et très frangées.

L'œuf du thrips est enfoncé par la femelle dans les tissus foliaires, la larve est de couleur jaunâtre.

À savoir

D'autres thrips voisins du thrips des serres peuvent affecter les pois et entraîner la chute prématurée des pétales des fleurs.

PRÉVENTION

› Désinfection des bulbes du glaïeul à la roténone ou avec une décoction de tabac.

› Désinfection du sol, du tas de compost et des apports de terreau (notamment ceux issus des raclures de fossés).

› Pulvérisations préventives de pyrèthre ou d'une décoction de sureau.

La décoction de sureau

Versez 1 kg de jeunes feuilles dans 10 litres d'eau. Laissez tremper 24 heures, puis faites bouillir pendant 30 minutes. Pulvérisez non dilué.

› Utilisez des produits fortifiants aux oligo-éléments qui apportent aux plantes les principaux éléments indispensables à une croissance harmonieuse et leur permet de mieux résister aux attaques des thrips.

TRAITEMENTS

Ils sont généralement inutiles sur le poirier et le pêcher.

› Faites une pulvérisation insecticide à la chute des pétales.

› Sur le glaïeul en cours de végétation, pulvérisez sur les feuilles de la roténone. Sous serre, des fumigations insecticides peuvent se montrer très utiles.

Alstroemeria *peut être attaquée par le thrips*

Tordeuses

À savoir

Les tordeuses des feuilles et des ramilles sont des petits papillons qui vivent la nuit. De nombreuses espèces sont désignées sous ce vocable et s'attaquent aux bourgeons, aux feuilles et aux fleurs : *Cacoecia, Argyroploce, Acalla, Tmetocera cnephasia*, etc.

On nomme tordeuses des microlépidoptères de diverses espèces : la tordeuse orientale du pêcher (*Laspeyresia molesta*) et la tordeuse du pois (*Cydia nigricana*) sont proches des carpocapses.

Les tordeuses de la vigne (*Cochylis* et *Eudemis*) sont assez fréquentes dans les treilles et les cultures de chasselas. La tordeuse verte des arbres fruitiers (*Argyroploce variegana*) dévore les jeunes feuilles et entrave la croissance des pousses. La tordeuse verte du prunier (*Argyroploce pruniana*), dont la chenille s'attaque au prunier mais aussi aux pomoïdées, dépose ses œufs en plaques qui hivernent sur les écorces. Les tordeuses du rosier (*Argyroploce ochroleucana* et *Cacoecia rosacaena*), la tordeuse rouleuse (*Cacoecia podana*), sont des espèces particulièrement communes dans nos vergers. La tordeuse de l'œillet (*Cacoecia pronubana*) n'est pas spéciale aux œillets mais peut attaquer très sévèrement surtout les cultures sous abri. Les chenilles de la tordeuse rouge (*Spinolota ocellana*) infestent particulièrement les pommiers, et la tordeuse des pousses d'osier unit fréquemment avec ses fils de soie les jeunes feuilles d'osier et gêne leur développement.

Alerte

› La tordeuse orientale du pêcher s'attaque aux fruits. Elle pénètre dans ceux-ci par le pédoncule. Il n'est pas rare de trouver plusieurs chenilles à l'intérieur d'une pêche présentant extérieurement un aspect sain. Les variétés tardives sont les plus contaminées.

› La tordeuse de la grappe hiberne à l'état de chrysalide dans un cocon soyeux sous des abris variés (écorces, fissures). Les chenilles mordillent les grappes superficiellement, provoquant une pourriture rapide des raisins.

› La tordeuse des pois pond vers le mois de juin sur les gousses et les chenilles dévorent les pois verts se trouvant dans celles-ci.

› La tordeuse « épaulée » du rosier (*Cacoecia rosana*), dont la chenille est vert sombre à tête noire, est très vive et roule, au printemps, les folioles dans le sens de la longueur.

› La tordeuse rouleuse a une chenille qui s'attaque aux jeunes feuilles et aux jeunes fruits. Le jour, elle demeure cachée dans son abri, qu'elle se confectionne dans une feuille en roulant les bords du limbe. Si on la dérange, elle se tortille vivement en reculant (les jardiniers disent qu'elle danse le twist) et se laisse tomber à terre à l'extrémité d'un fil soyeux.

› Sur le pommier, on notera la présence d'une toile autour des feuilles qui s'enroulent et se crispent.

› Sur le prunier, on remarquera des morsures de l'épiderme des fruits, surtout près du pédoncule, avec la présence d'une chenille de 14 mm de longueur de couleur rose à tête brune.

Description, observation

Les papillons de toutes ces espèces apparaissent fin mars-début avril et parfois jusqu'au mois de juin.

Les femelles déposent les œufs sur les feuilles généralement sur la face supérieure. Dès son éclosion, la jeune chenille printanière pénètre dans la pousse, mine l'intérieur.

Sous l'effet de cette attaque, la pousse se flétrit, se recourbe en crosse, se dessèche et noircit.

Les chenilles hibernantes se tissent un cocon blanc et soyeux dans les anfractuosités des troncs, des branches, du matériel laissé au jardin (vieilles brouettes, tonneaux, etc.) et même parfois au sol.

En général au printemps, les chenilles s'abritent dans les jeunes feuilles et pousses terminales, dans une sorte de fourreau qu'elles créent avec des fils soyeux.

Prévention

› Contre la tordeuse des pois, qui attaque aussi les haricots, choisissez un emplacement exposé au vent pour vos semis dans les régions où les attaques sont fréquentes. Privilégiez des variétés précoces. Associez la culture des tomates et du pyrèthre à celle des pois et haricots.

› Pour les végétaux ligneux, des traitements ovicides d'hiver sont efficaces contre toutes les espèces de tordeuses.

› Afin d'éviter la pénétration des chenilles dans les tissus de la plante, on peut effectuer des traitements insecticides préventifs. Des macérations de rhubarbe et des infusions d'absinthe, pulvérisées régulièrement, sont répulsives pour un grand nombre d'espèces de tordeuses.

Traitement

› Dès le début de la floraison, traitez les jeunes chenilles avant qu'elles ne pénètrent dans les plantes avec du *Bacillus thuringiensis*, de la roténone ou du pyrèthre. À ce stade de la culture, vous pouvez protéger certaines plantes en les enveloppant d'un voile anti-insectes.

› Dès l'apparition des chenilles, effectuez une pulvérisation à l'aide de pyrèthre ou de deltamethrine si des insectes butineurs sont présents, remplacez ces produits par des préparations à base de phosalone.

› Contre l'eudémis, qui attaque les grappes de raisin, effectuez plusieurs pulvérisations d'une pyréthrine à base de bifenthrine.

Tumeurs

Agrobacterium

Certaines bactéries provoquent la prolifération anormale des cellules de la plante.

La bactérie pénètre généralement à la faveur d'une blessure. Elle transforme les cellules normales en cellules malignes.

Le crown-gall ou « cancer végétal » dû à *Agrobacterium tumefaciens* est capable de provoquer des tumeurs sur des dizaines d'espèces appartenant à des familles très différentes.

ALERTE

Les tumeurs sont bourgeonnantes, difformes, parfois volumineuses. Elles ont tendance à se nécroser et sont souvent la proie d'infections secondaires (champignons, insectes). Elles accélèrent le dépérissement et la mort du végétal.

PRÉVENTION

› La dissémination de la maladie se fait par des arbres en mauvaise santé au moment de la transplantation. Elle se conserve dans le sol et pénètre à la faveur de blessures dues aux instruments de jardin (bêche, piémontoir, serpette, greffoir) ou lors de piqûres par les insectes : désinfectez les instruments de taille, surveillez les haies et taillis autour de votre jardin et détruisez les plantes malades.

› Utilisez des plants provenant de cultures saines.

› Évitez les engrais trop fortement azotés.

TRAITEMENT

Dans les vergers, on pourra essayer de sauver les arbres en enlevant et en désinfectant la blessure avec de l'alcool à 70° dilué dans de l'eau distillée ou avec une solution javellisée. Poncez avec un papier de verre et recouvrez avec un cicatrisant végétal.

Les fasciations

Voisines des tumeurs, les fasciations que l'on peut voir sur différents végétaux (feuilles crispées, pétioles courts fortement épaissis, branches et tiges aplaties en raquettes, inflorescences fasciées et déformées) sont recherchées pour certaines compositions de bouquets en art floral.

© D. Blancard/
INRA

Vers blancs

Hannetons et cétoines

© G. Blondeau/
Climax

Si les jardiniers se félicitent de la disparition progressive des vers blancs, suite aux traitements phytosanitaires agricoles intensifs, nos amis entomologistes s'inquiètent, pour la préservation de notre biodiversité, de la disparition des hannetons.

Alerte

Autrefois, certaines années (généralement une sur trois), les hannetons étaient abondants.

On pouvait observer dans nos jardins le flétrissement subit de toute une planche de légumes parce que leurs racines avaient été coupées par les vers blancs. Aujourd'hui, plus rare, la larve de hanneton peut cependant causer quelques dégâts. Elle préfère les fraisiers, les salades, les pois, les carottes et les géraniums. Les plantes attaquées flétrissent et meurent. Sur les plantes plus dures comme les rosiers et les arbustes à petits fruits, le ver blanc ne fait que ronger les écorces et le chevelu des racines, mais cette attaque est fatale aux plantes, surtout en période de sécheresse.

En dehors de la larve du hanneton commun (*Melolontha melolontha*), on rencontre dans les jardins d'autres vers blancs.

En général plus petite, la larve du hanneton de la Saint-Jean (rhizotrogues) s'attaque aux gazons. Les larves des cétoines ne sont pas arquées comme celles du hanneton. Contrairement à une opinion courante, il n'y a pas lieu de les redouter dans nos cultures, car elles vivent des déchets organiques contenus dans le sol ou dans notre tas de compost.

Description, observation

Les adultes du hanneton commun sortent du sol en mai et se nourrissent dans les haies et les grands arbres (marronniers, érables, chênes, hêtres). Après la ponte, les œufs éclosent vite et donnent dès août des petits vers blancs, qui après s'être un peu développés à l'automne, s'enfoncent dans le sol et hibernent.

À savoir

Les hannetons sont de beaux coléoptères. Certains sont velus comme le hanneton de Saint-Jean ou l'anoxia. Les cétoines ont des formes plus lourdes aux contours quadrangulaires. En règle générale, les larves de ces insectes ne provoquent pas trop de dégâts dans nos jardins.

La larve âgée de 6 mois, qui a passé l'hiver dans les profondeurs du sol, remonte en surface dès que la terre se réchauffe et commence à manger avidement toutes les racines rencontrées.

PRÉVENTION

› Les labours émiettant bien le sol détruisent une partie des vers blancs.
› On peut écarter les femelles pour les empêcher de pondre dans son jardin, en répandant de la naphtaline sur le sol (et non sur les plantes).
› Ramassez les hannetons à l'aube ou au crépuscule en secouant les arbres et arbustes au-dessus de toiles étendues.

TRAITEMENT

Difficile à effectuer sur les arbres de haute futaie où se réfugient les adultes. En début de saison, lorsque la terre se réchauffe, on peut traiter avec un insecticide spécial « insectes du sol » qui s'utilise en épandage.

Verticillioses

Verticillium dahliae, Verticillium albo-atrum

Ce champignon redoutable, qui attaque aussi bien la pomme de terre que le tilleul, se développe dans les vaisseaux de la plante et entraîne le flétrissement partiel ou total du végétal.
On peut le déceler sur le dahlia, le fraisier, le melon, la tomate, les asters, l'érable, etc.

Alerte

Le feuillage se dessèche souvent d'un seul côté de la plante. Si vous coupez la tige, vous observerez dans son centre un anneau brun : le champignon vivant dans le sol est diffusé par la sève des végétaux.
La maladie sur la pomme de terre est caractérisée par l'apparition sur les feuilles d'abord de taches brunes qui sont entourées d'une auréole jaune, puis le jaunissement s'étend, les feuilles se flétrissent et se dessèchent.

Prévention

› La désinfection du sol ou de longues rotations des cultures, ainsi que l'utilisation de tubercules (dahlias, pommes de terre) sains et sélectionnés et de boutures (herbacées ou ligneuses) désinfectées sont les seules mesures à envisager.
› Si vous habitez une région où la verticilliose sévit, privilégiez des variétés peu sensibles qui sont généralement signalées sur les catalogues des pépiniéristes.
› Utilisez pour la pomme de terre des plants certifiés. Un traitement fongicide préventif avant plantation peut être envisagé.
› Ne plantez pas de végétaux blessés par la division de souche (aster, fraisier, etc.), lors du rajeunissement des plantations. L'infection peut se produire sur des plaies non cicatrisées.

Traitement

› En cas d'apparition de la maladie, arrachez les plantes atteintes ainsi que la motte de terre autour des racines (la destruction par le feu est efficace).
› Diffusée dans le sol, la verticilliose ne peut être détruite. N'installez pas de plantes sensibles sur les terrains contaminés. Désherbez souvent et nettoyez votre jardin : le *Verticillium* peut persister sur les plantes sauvages, sur les restes de végétaux ou dans les ruissellements boueux.

Annexes

Le matériel des premiers secours

Ne pouvant posséder tout le matériel utilisé par les professionnels de l'horticulture et du maraîchage, le jardinier au jardin familial devra cependant avoir en sa possession ou à sa disposition quelques outils indispensables : un équipement de premiers secours en quelque sorte.

Le matériel de prévention et de piégeage

VOILE DE FORÇAGE OU D'HIVERNAGE NON TISSÉ

Tous les maraîchers performants utilisent maintenant ces fameux voiles.

Le voile de forçage ou d'hivernage est un voile de protection blanc, constitué de filaments continus de polypropylène fixés thermiquement et exempts de liant chimique. L'écartement entre les fibres est si fin qu'un insecte ne peut passer, alors que la pluie et la lumière ne sont nullement stoppées, donc, aucun risque d'étiolement.

Les filets sont de plus des protections contre la battance du sol due aux pluies violentes (projection de boue et de terre). Ils sont également utiles contre les oiseaux.

En outre, ils peuvent être une protection contre les gelées blanches. Les grêles « sèches » les abîment, mais les grêles « mêlées d'eau » peuvent être atténuées par ce voilage.

Ces voiles peuvent avoir aussi un effet de serre : la densité importante de fibres crée un microclimat sous le voile, favorable à la croissance des jeunes plants et à la levée des semis. La légèreté des voiles ne gêne pas la croissance des plantes.

Il existe dans le commerce diverses va-

Filet

riétés de voiles (anti-insectes + forçage, hivernage, anti-insectes uniquement).

Filets anti-oiseaux

Les mailles sont plus écartées que celles des voiles de forçage et sont composées de fibres synthétiques. Ils existent en grandes largeurs pour permettre de recouvrir les arbres fruitiers.

Pélargonium (à gauche). Le voile de forçage en hiver est conseillé

Filets anti-insectes

Ces filets s'utilisent en tunnel ou en bâche à plat. Ils sont généralement composés comme les voiles de forçage. Ces filets protègent aussi des nuisibles rampants : chenilles, limaces, escargots, et des animaux domestiques. Ils sont utilisables sur des arceaux formant tunnel.

Panneaux jaunes anti-insectes

Utilisés souvent contre les pucerons, les aleurodes et les mouches. Ce sont des panneaux en matière synthétique imputrescible de couleur jaune citron, très attractifs pour les parasites volants. Suspendues, les deux faces engluées piègent les insectes, qui ne peuvent repartir.

Ces pièges sont réutilisables : quand les panneaux sont trop encombrés, il faut les nettoyer avec un solvant et les réengluer avec de la glu anti-insectes pour piège.

Glu horticole anti-insectes

Elle permet de piéger facilement les chenilles, les papillons, les pucerons, les fourmis. On peut la mettre directement sur le tronc des arbres, elle ne coule pas, ne sèche pas et agit longtemps.

Piège à phéromones

Le principe est très simple : une couleur particulière et une hormone sexuelle reconstituée (les phéromones) spécifique d'un insecte attirent les parasites dans un piège ou sur une plaque de couleur, où ceux-ci meurent en s'engluant. Les pièges équipés de phéromones ne détruiront pas tous les insectes, ils ne sont pas dangereux pour les abeilles et les insectes utiles. Nous avons aujourd'hui à notre disposition de nombreuses phéromones contre : la mouche des fruits, les carpocapses, la teigne du poireau, les pyrales, etc.

Colliers antifourmis

Ce sont des colliers arboricoles préenglués. Le collier entourant le tronc de l'arbre, crée une barrière engluée infranchissable.

La pharmacie de « premiers secours »

Ces produits devront être stockés dans un local sain et aéré (ne dépassant pas 20 °C de chaleur ambiante) à l'abri de l'humidité et de la lumière et hors de portée des enfants et des animaux domestiques.

Insecticides

Nous devons avoir à notre portée une réserve d'insecticides : je recommande les insecticides à base de poudre de roténone (extrait de plantes exotiques telles que *Derris* et *Lonchocarpus*) mais nous devons posséder également un insecticide polyvalent qui agit par contact et par ingestion et qui aura un excellent effet de choc pour prévenir les invasions.

Antifourmis

Antifourmis de longue durée (boîtes-appâts, tubes-appâts, poudres et insecticides liquides) sont à votre disposition dans les jardineries et les drogueries. Ayez toujours un antifourmi dans votre cabane de jardin.

Goudron de pin dit de Norvège

Ce goudron forme un enduit qui protège les plaies des arbres et des arbustes (taille, fissure, chancre) contre les infections d'origine bactérienne ou les maladies dues à des champignons. C'est un produit végétal naturel. Il ne contient aucun additif chimique. Il est issu de la distillation du bois déshydraté et désacidifié. Il s'emploie en toute saison, particulièrement lors des tailles, il aide à la cicatrisation et protège les plaies des intempéries. Il peut aussi être utilisé pour goudronner les bois soumis à l'humidité (abris de jardin, piquets, bacs à fleurs, caisses d'orangerie, etc.).

Mastics

On peut utiliser les deux types de mastics suivants :

– le mastic à cicatriser, pour cicatriser parfaitement les plaies de taille ou les blessures des arbres, arbustes et de la vigne. Il évite aussi la propagation des maladies ainsi que l'écoulement de sève ou de gomme (vigne, cerisier, kiwi, etc.) ;

– le mastic à greffer, pour greffer avec succès arbres, arbustes, rosiers, vigne. Parfaitement adhérent, il active la multiplication cellulaire.

Ces produits facilement inflammables sont composés d'huile végétale et de résines.

Bouillie bordelaise

Utilisée en traitements préventifs et curatifs, elle est un des fongicides polyvalents les plus anciens que l'on connaisse et possède des qualités exceptionnelles. Elle a également un pouvoir bactériostatique très efficace. La bouillie bordelaise est indispensable au jardinier.

Fleur de soufre

La fleur de soufre est présente dans la nature à l'état pur et est vendue en jardinerie en boîtes contenant le soufre finement broyé et tamisé. Ce produit utilisé depuis l'Antiquité comme moyen de lutte contre l'oïdium et les tavelures agit par contact, son action est immédiate. Il assure une bonne protection contre les monilioses et la gomme des arbres fruitiers. Il freine également le développement des araignées rouges et des acariens. Il est non toxique pour l'homme et inoffensif pour les abeilles. C'est un excellent répulsif contre les animaux domestiques. Existe en poudre mouillable. Il faut impérativement le stocker à l'abri de la chaleur et de l'humidité.

Aérosols pour traitement total

Pratiques et simples à utiliser, ces produits traitent préventivement et curativement toutes plantes ornementales contre l'oïdium, la rouille, la tache noire, les pucerons, les chenilles, les araignées. Ils peuvent être utilisés en cas d'urgence.

Piège à limaces

Le piège le plus efficace, sans aucun risque d'intoxication pour les animaux domestiques et les hérissons, se présente sous la forme d'un récipient en plastique, que l'on remplit de bière sans alcool mélangée à de l'eau. On le dispose au ras du sol dans les endroits où les limaces sont indésirables. Un petit chapeau, sur chacun des pièges, permet d'éviter que la pluie ne provoque le débordement du dispositif.

Sachets à fruits

Ces sachets en papier en forme de housse ont des perforations qui favorisent l'aération. Ils facilitent la croissance des fruits tout en les protégeant individuellement des insectes.

Boîte d'urgence insecticide en poudrage

Ce sont souvent des insecticides biologiques à base de poudre de roténone ou de pyrèthre. Ces matières actives agissent par contact en ayant un effet de choc. Les insecticides naturels peuvent s'utiliser préventivement et curativement jusqu'à la récolte.

L'outillage

Kits de test pH

Ce sont des kits qui permettent de déterminer le degré d'acidité de votre terre en moins de 10 minutes (comprimés Calcitest, papiers pH à coloration dits « papiers de tournesol »).
Il existe aussi des « pH-mètres électroniques » fonctionnant sur piles et qui vous indiquent immédiatement le pH du sol.

Ciseau à bois et maillet

Utiles pour nettoyer correctement les plaies des arbres avant le passage d'un cicatrisant.
Bien sûr, chaque jardinier possède son jeu d'outils. Cependant, il faudra en réserver quelques-uns aux soins phytosanitaires. Scies, couteaux, serpettes

Connaître sa terre

Dans le commerce sont en vente actuellement des kits analyse de terre (laboratoire spécialisé agréé par le ministère de l'Agriculture). Analyse complète : pH, salinité, recherche du calcaire, dosage en phosphore, potasse et magnésie, mesure des oligo-éléments : cuivre, zinc, manganèse, fer. Les résultats de cette analyse vous seront précieux pour prévenir beaucoup de maladies et de carences.

Des outils tranchants

› Scie égoïne d'élagage ou scie pliable.
› Couteau à greffer ou greffoir.
› Serpette.

et ciseaux devront être désinfectés après utilisation et rangés avec les produits de traitement. La désinfection peut se faire avec du formol, de l'alcool à brûler ou de l'alcool à 70° (ou 90°) des pharmacies.

Le matériel de traitement

Pulvérisateur

C'est sous la forme liquide en solution ou en dilution dans l'eau que les produits insecticides, fongicides ou herbicides sont le plus souvent utilisés. La bouillie qui les contient doit être répartie sur les organes des plantes ou les surfaces à traiter, en quantité limitée mais suffisante, et sous une forme convenable, par projection forcée.
La projection peut être obtenue par l'action directe d'une pompe à refoulement qui doit être actionnée en permanence au cours de l'utilisation. Le pulvérisateur peut également être mis sous pression préalable.
Il existe de petits pulvérisateurs à main d'une contenance variant entre 0,75 litre et 1,5 litre, à mise sous pression préalable pour les petites surfaces à traiter (véranda, serre, balcon, plantes d'intérieur, plantes vivaces) et de nombreux modèles en plastique ou en métal pour des surfaces plus importantes telles que le potager, les plates-bandes, les allées (utilisables aussi pour les traitements d'hiver). Leur contenance peut varier entre 3 et 10 litres.
Si vous traitez les adventices avec un désherbant, songez à rincer abondamment et plusieurs fois votre pulvérisateur. Je vous conseille même d'avoir deux pulvérisateurs : un pour le désherbage et l'autre pour les traitements phytosanitaires.
N'oubliez pas, lors des traitements, de vous munir de gants, d'un masque, d'un ciré et de bottes de caoutchouc qui ne devront en aucun cas être entreposés dans un autre local que celui réservé aux produits (en général, cabane de jardin ou garage).

Badigeons naturels

Il existe des badigeons naturels à base de chaux prêts à l'emploi. La chaux est une matière utilisée depuis des décennies pour ses multiples qualités, dont son pouvoir antiseptique naturel. Le « blanc pour arbre » protège ainsi les troncs contre les lichens, les mousses et les attaques de certains parasites.

Romarin

Poudreuses

Des poudreuses à main avec soufflet permettant de pulvériser du soufre mais aussi des poudres de roche (basalte et lave) existent avec des réservoirs allant de 300 g à 1 kg de contenance. Certains appareils possèdent une allonge pour une facilité d'application.

Balance

Pour peser les végétaux utilisés pour la préparation de vos purins, extraits fermentés, décoctions et autres infusions.

Verre doseur

Utile pour contrôler les doses exactes des produits mais aussi pour diluer précisément les extraits végétaux au moment de préparer les traitements. En règle générale, les produits phytosanitaires réservés au jardin familial sont vendus avec un doseur. On peut utiliser un doseur de cuisine (en centilitres, centimètres cubes) mais aussi gradué pour les farines (en grammes),

Produits pour les traitements d'urgence

Voici les produits que l'on devra toujours avoir sous la main pour les traitements d'urgence.

› Un insecticide biologique ou chimique agissant par contact et par ingestion.
› Un acaricide efficace contre tous les acariens du stade larve au stade adulte.
› Un antichlorose (fer).
› Du soufre liquide. Traitement naturel contre l'oïdium (blanc), tavelures, taches noires.
› De la bouillie bordelaise.
› Une bombe aérosol insecticide contre les insectes volants (moustiques, guêpes, frelons, etc.).
› Du sulfate de fer : pour la destruction des mousses et des lichens.
› Du permanganate de potassium pour une action immédiate mais de courte durée contre les champignons.
› Du talc de Luzenac ou silicate de magnésie, produit curatif de contact, contre les pourritures grises.
› De l'oxychlorure de cuivre. Moins efficace que la bouillie bordelaise, moins actif, mais qui convient pour les plantes fragiles (pêcher en fleurs, salades, bégonias etc.).

pour les soufres et les poudres. Il est bon également de disposer de quatre ou cinq récipients en plastique pour réaliser ses extraits fermentés. Les anciennes poubelles à poignées, utilisées avant l'arrivée des containers à roulettes du tri sélectif, sont idéales. Pour filtrer les décoctions, rien ne vaut un entonnoir de vigneron à grand déversoir, sinon, utilisez un tamis à mailles fines.

Le désherbage

Contre les végétaux non désirés qui envahissent votre jardin, prévoyez une binette bien sûr mais aussi une serfouette, un transplantoir, une « gouge à asperges » et quelques petits outils à main (piochons et griffe) pour les rocailles et les plantes vivaces.

Code de bonne conduite en cas d'utilisation de produits phytosanitaires

› Ne mélangez jamais plusieurs produits, sauf indication du fabricant. En effet, certains produits peuvent créer ensemble des réactions chimiques.
› Interdisez-vous tout surdosage.
› N'employez pas un produit pour un autre usage que celui mentionné sur l'emballage.
› Ne récoltez jamais juste après avoir traité, attendez au moins cinq jours.
› Ne traitez pas à proximité d'un point d'eau. Ne videz pas les reliquats de bouillie dans les caniveaux, fossés ou à l'égout. Éliminez les emballages vides après les avoir rincés (respectez le tri sélectif).
› Abstenez-vous de manger, boire ou fumer quand vous traitez.
› N'intervenez pas en présence d'enfant ou d'animaux. Lavez-vous les mains quand vous avez terminé de traiter.
› Ne traitez pas près d'une piscine, d'une fontaine, d'une mare, d'un bac à sable ou de jeux d'enfants.
› Après chaque utilisation, refermez soigneusement les différentes boîtes, bouteilles et autres bidons de produit dans leur emballage d'origine. Rangez-les ensuite à l'abri de la chaleur et de l'humidité, dans un local aéré et hors de la portée des enfants et des animaux, et **ce même pour les produits dits biologiques**.
› Stockez vos purins, décoctions, macérations et autres infusions dans des bidons plastique à l'abri de la lumière.

Lexique

AB (agriculture biologique) : garantit un produit issu d'une culture ou d'une production respectueuse de l'environnement. Ce label, surveillé, certifie que le produit contient au moins 95 % d'ingrédients naturels.

Abri : sert à protéger les végétaux contre le froid, le soleil, la pluie et le vent : châssis, serre, véranda, palissades, murs, auvents, haies brise-vent, arbre, voile de forçage ou d'hivernage.

Activateurs de compost : produits permettant d'améliorer et d'accélérer efficacement le processus de maturation du substrat.

Adventice : mauvaise herbe. Généralement, plante envahissante issue de la flore spontanée.

Aérobie : qui a besoin de l'oxygène de l'air pour vivre.

Aérosol : dispersion extrêmement fine d'un corps dans l'air de sorte qu'il forme un brouillard fin et stable (bombe aérosol).

Alcalinité (basicité) : le contraire de l'acidité. La soude, la chaux, la potasse, l'ammoniaque sont des bases.

Alcool : fonction de la chimie organique (alcool à brûler, alcool à 90°).

Aldéhyde : déshydrogénation ménagée de l'alcool (formol).

Algues : végétaux thallophytes, verts, parfois parasites.

Amendement : substance que l'on incorpore au sol pour en modifier la nature physique et la texture.

Ameublir : diviser la terre du jardin par des labours pour la rendre perméable et plus aérée.

Anaérobie : vie sans air, sans oxygène.

Annuelle : se dit d'une plante qui, dans le courant d'une année, germe, fleurit, porte graines et meurt.

Antibiotique : substance produite par un être vivant et capable de suspendre toute activité vitale d'autres êtres vivants (microbes).

Aoûté : se dit de jeunes rameaux qui sont lignifiés avant l'hiver.

Appel-sève : pousse conservée à l'extrémité d'un rameau pour entretenir le mouvement de la sève.

Arbrisseau : arbre ne s'élevant pas au-dessus de 4 m.

Arbuste : végétal ligneux de petites dimensions (entre 0,3 m et 2 m).

Argile : élément du sol ou roche formés de silicate d'alumine hydraté, colloïdal et de sable fin. On dit encore de la glaise.

Atomiseur (atomisation) : appareil permettant la formation d'un brouillard extrêmement fin d'un liquide que l'on désire projeter sur des plantes.

Axillaire : qui part de l'aisselle.

Bacille de Thuringe (*Bacillus thuringiensis*) : insecticide biologique utilisé pour détruire efficacement les chenilles et larves sans aucun danger pour les insectes utiles.

Bactérie : être microscopique végétal généralement sans chlorophylle.

Bactériose : maladie provoquée par des bactéries.

Baie : fruit charnu dans lequel les graines sont immédiatement entourées (pépins) par la pulpe.

Bassinage : arrosage très léger en pluie fine.

Bêches : la bêche de Paris et la bêche Senlis ont un fer de forme trapézoïdale qu'on enfonce d'une pression continue du pied dans le sol. Les fourches-bêches sont des bêches à dents pour les labours légers ou délicats. Le louchet est une bêche de pépinière à grande lame.

Béquiller : biner la partie superficielle du sol pour briser la croûte formée à la suite des arrosages.

Biner : ameublir la couche superficielle du sol à quelques centimètres afin de favoriser la pénétration de l'air et de l'eau, de détruire les mauvaises herbes et d'empêcher l'évaporation du sol.

Biodégradable : qui peut être décomposé par l'action de micro-organismes.

Biodynamique (culture) : cette méthode de jardinage considère le jardin comme un ensemble vivant. Un organisme dans lequel le sol, les micro-organismes, les insectes, les plantes, les animaux et le jardinier lui-même forment un tout interactif et indissociable.

Bisannuelle : plante dont la vie, depuis la germination jusqu'à la fructification, s'étend sur deux années.

Blanc : oïdium.

Bouillie bordelaise : un des fongicides polyvalents les plus anciens que l'on connaisse.

Buse à jet plat : buse munie d'un cache approprié pour traiter les allées avec un désherbant.

Caduc, caduque : se dit d'une plante qui perd ses feuilles l'hiver.

Calcaire : carbonate de chaux.

Calcicole : se dit des plantes qui vivent dans les sols calcaires.

Calcifuge : qui redoute le calcaire.

Carnivore : qui se nourrit de viande.

Champignons : végétaux thallophytes dépourvus de chlorophylle. Tous les champignons ne vivent pas en parasites.

CHANCRE : plaie ouverte qui se creuse et s'élargit sans cesse.

CHAULAGE : application de chaux pour améliorer le sol.

CHAUX : hydrate ou oxyde de calcium. La chaux vive est l'oxyde, la chaux éteinte en dérive, par addition d'eau.

CICATRISANT : produit destiné à aider à la cicatrisation des plaies (exemples : goudron, mastic).

COLLET : partie de la plante d'où s'élève la tige et d'où part la racine.

COMPOST : terreau résultant de la fermentation et de l'humidification du mélange de détritus divers mis au compostoir.

CONIFÈRE : qui porte des cônes. Nom donné à une famille d'arbres et d'arbustes résineux (gymnospermes), même à ceux qui ne portent pas de cônes.

CONTRÔLE DES SEMENCES : examen des graines en vue de vérifier l'exactitude de leur dénomination et leur pouvoir germinatif.

CONTRÔLE PHYTOSANITAIRE : examen des plantes, graines, etc., à leur départ ou à leur arrivée en France pour dépister les germes de maladies et éviter leur propagation.

COPROPHAGE : qui se nourrit d'excréments.

CRAMPONS : sorte de racines à l'aide desquelles certains végétaux envahissants se fixent à un support (lierre).

CROWN-GALL : tumeur maligne, sorte de cancer dû à une bactérie : *Agrobacterium tumefaciens.*

CRYPTOGAMES : végétaux dont les organes de reproduction sont peu visibles (mousses, champignons, algues, fougères, lichens, bactéries).

CUIVRE : fongicide polyvalent, particulièrement bon contre le mildiou (bouillie bordelaise, oxychlorure de cuivre).

CULTURE(S) ASSOCIÉE(S) : l'art d'utiliser la complémentarité des plantes entre elles. Permet de réduire les apports d'engrais et de diminuer les attaques de maladies et parasites.

CUPRIQUE : à base de sels de cuivre.

DÉBROUSSAILLANT : produit très actif contre les ronces, les chardons, les épines noires et les orties. S'utilise dans des endroits non entretenus en vue d'une future culture.

DÉCOCTIONS : liquides obtenus en faisant bouillir les plantes.

DÉFONCEMENT : labour pratiqué à une grande profondeur (défonce).

DÉGÉNÉRESCENCE : perte des caractères et de la qualité propres. Ce mot s'applique généralement à certaines maladies à virus.

DENDROLOGIE : étude des arbres et par extension des ligneux.

DÉSHERBAGE THERMIQUE : désherbage à l'aide d'un appareil qui a une flamme très chaude (propane) (création d'un choc thermique touchant les cellules du végétal).

DÉSHERBER : détruire les plantes adventices ou envahissantes (binage, sarclage, désherbage chimique).

Drainage : action de faire écouler l'eau surabondante : drainage du jardin (drains, saignées, rigoles), drainage des plantes en pot ou en jardinière (remplir le fond des récipients avec des graviers ou des billes d'argile).

Échenilloir : sorte de sécateur commandé par un câble de la longueur du manche.

Éclaircir : supprimer des plantes trop rapprochées pour favoriser le développement de celles qui sont conservées.

Écosystème : ensemble écologique constitué par un milieu et des êtres vivants.

Écotoxique : toxique pour l'environnement.

Élaguer : supprimer partiellement certaines branches d'un arbre pour lui donner une forme plus esthétique ou le mettre en sécurité.

Éliciteur (produit) : extraits végétaux pouvant stimuler les plantes (stimulation de la croissance mais aussi des défenses immunitaires).

Émonder : couper les branches inutiles d'un arbre, ce qui favorise généralement sa croissance.

Émulsion : suspension stable de très fines gouttelettes liquides, dispersées dans un autre liquide avec lequel elles ne sont pas mélangeables (matières huileuses dans de l'eau par exemple).

Engrais : matière fertilisante.

Engrais vert : végétaux que l'on enfouit sur place en guise d'engrais.

Entomologie : discipline de la zoologie qui traite des animaux articulés, spécialement des insectes.

Entomophile (plante) : dont la fécondation est assurée par les insectes.

Entre-nœud : partie d'une tige comprise entre deux nœuds.

Enzyme : catalyseur organique cellulaire, de nature protéique, détruit par la chaleur.

Épiphyte : plante qui végète sur d'autres végétaux mais ne les parasite pas.

Épiphyties : maladies endémiques des végétaux.

Ergot : altération des graines, surtout des graminées, provoquée par un ascomycète parasite.

Étiolé : se dit des plantes privées de lumière qui n'acquièrent pas la couleur verte normale (blanchiment des endives, des pissenlits, des céleris, des cardons, etc.).

Étiolement : ensemble de déformations produites par le manque ou l'insuffisance d'intensité lumineuse (teinte jaunâtre, nanisme des feuilles).

Extraits végétaux fermentés : décoctions, infusions, macérations de plantes qui peuvent aider les végétaux à résister aux agressions.

Fer : le sulfate de fer s'utilise pour la destruction des mousses et lichens.

Fertilisation : action d'enrichir son jardin en engrais et amendements, de rendre la terre fertile en vue de bonnes récoltes.

FLÈCHE : partie terminale de la tige d'un arbre.

FLORE : ensemble des plantes qui poussent dans une région donnée.

FONGICIDE : se dit d'un produit destiné à soigner les maladies d'origine cryptogamique.

FORMIQUE (ACIDE) : acide gras sécrété par les fourmis.

FORMOL : solution aqueuse de l'aldéhyde formique, aux propriétés désinfectantes.

FRUGIVORE : qui se nourrit de fruits.

FÛT : partie moyenne du tronc d'un arbre.

GALLE : excroissance produite sur les plantes sous l'action de parasites.

GLAUQUE : vert bleuâtre (*glauca*).

GODET : pot de petites dimensions.

GOUGE À ASPERGES : à lame effilée et tranchante, facilite l'arrachage des souches et racines d'adventices dans les gazons et les plates-bandes de plantes vivaces.

GRIMPANTE : qui s'élève sur les supports voisins à l'aide de vrilles ou de crampons, contrairement aux plantes volubiles qui sont privées de moyen d'attache et qui s'enroulent elles-mêmes autour de leur support. Certaines plantes grimpantes peuvent nuire aux « végétaux tuteurs ».

GUANO : engrais naturel provenant de l'accumulation et du vieillissement naturel des fientes d'oiseaux marins.

HÉLICIDE (de *Helix*, escargot) : produit toxique pour détruire les escargots et les limaces.

HÉLIOPHILE : qui aime les situations ensoleillées.

HÉMIPARASITE : parasite qui contribue pour une part à sa propre alimentation.

HERBACÉ : par opposition à ligneux, se dit des plantes à tiges vertes.

HERBICIDE : substance destinée à la destruction des plantes nuisibles.

HERBIVORE : qui se nourrit d'herbes et de végétaux non ligneux.

HIVERNER : rentrer la plante à l'abri des grands froids d'hiver.

HOUPPIER : ramure et feuillage portés par le tronc d'un arbre.

HUILE MINÉRALE PARAFFINIQUE : elle détruit la couche cireuse qui recouvre les œufs, les larves et les insectes sous leurs formes hivernantes. Elle a un effet asphyxiant.

HYDROPHILE : qui aime l'eau.

HYDROPHITE : plante aquatique.

HYGROMÉTRIE (DEGRÉ D') : mesure quantitative de l'humidité de l'air.

HYPERTROPHIE : tumeur par excès de grandissement cellulaire.

IMMUNITÉ : propriété d'une plante de manifester une résistance à certaines maladies.

INSECTES AUXILIAIRES (UTILES) : ces insectes permettent de lutter de manière naturelle et efficace contre les insectes nuisibles. Exemples : *Encarsia formosa* contre les mouches blanches ; *Phytoseiulus persimilis* contre les acariens ; *Amblyseius cucumeris* contre les thrips ; coccinelles et aphidolètes contre les pucerons.

INSECTICIDE : substance ou préparation destinée à la destruction des insectes.

INSECTIFUGE : substance ou préparation éloignant les insectes sans les tuer (plantes insectifuges).

INSECTIVORE : qui se nourrit d'insectes.

JARDIN FAMILIAL : appelé autrefois « jardin ouvrier ». Par extension, le jardin jouxtant la maison d'un particulier.

JARDINIERS (ASSOCIATIONS DE) : en France, de nombreuses associations existent, certaines sont fédérées par la SNHF. Les plus importantes sont :
– les Jardiniers de France (Valenciennes) ;
– la Ligue du coin de terre et du foyer ;
– le Jardin du cheminot.
Elles éditent toutes des revues réservées à leurs adhérents et qui sont de bon conseil pour le « jardinier amateur », *Jardin de France* étant la revue de la SNHF.

JAUGE : au cours du labour, tranchée qu'un jardinier entretient devant lui entre la terre labourée et celle qui ne l'est pas encore.

KYSTE : se dit d'une tumeur à contenu liquide enfermé dans une membrane.

LIBER : tissu cellulosique conducteur de la sève.

LIBÉRO-LIGNEUX : se dit des faisceaux de la tige où le liber et le bois sont presque contigus et face à face.

LICHEN : végétal formé par l'union constante d'une algue et d'un champignon.

LIÈGE (OU SUBER) : tissu protecteur dans l'écorce.

LIPIDE : matière grasse d'origine organique.

LOMBRICOMPOST : les vers de terre constituent une véritable usine biologique à recycler. Leurs déjections constituent un compost riche en humus, enzymes, hormones de croissance et flore bactérienne (compost fait par des lombrics).

LUTTE INTÉGRÉE : chaque parasite a un ou plusieurs ennemis naturels (prédateurs ou auxiliaires). Elle n'est réellement possible qu'en intérieur (serre, véranda) ; en plein champ, ces derniers se dispersent sans trop détruire de parasites, sauf *Phytoseiulus persimilis* (contre l'araignée rouge) et la coccinelle (contre les pucerons).

MACÉRATION : appelée aussi extrait à l'eau froide, cette préparation consiste à laisser tremper les fragments de plantes dans l'eau.

MARNE : mélange de calcaire, d'argile, de silice et de magnésie.

MAUVAISE HERBE (*weed* en anglais ; *Unkraut* en allemand) : plante nuisible ou seulement inutile ou indésirable au jardin. Adventice.

MEUBLE : se dit d'une terre qui se divise bien d'elle-même.

MICROBES : tous les êtres vivants de dimensions microscopiques (bactéries, protozoaires, etc.).

MICROCLIMAT : climat d'une station limitée à une région, un jardin ou un appartement.

MICRONISÉ : se dit d'un solide très finement pulvérisé.

MIELLAT : liquide sucré, plus ou moins visqueux excrété par divers insectes suceurs de sève (pucerons notamment).

MILDIOU (de l'anglais *mildew*, « moisissure ») : ensemble des maladies dues à des pénorosporacées et dont le développement est favorisé par les climats doux et humides.

MISE À FLEUR : étape du développement des plantes consistant dans l'apparition des fleurs.

MNHN : Muséum national d'histoire naturelle.

MOISISSURE : champignon filamenteux vivant sur les substances organiques en décomposition.

MONDER : ébourgeonner, nettoyer, séparer des impuretés ou parties inutiles.

MOSAÏQUES : maladies dans lesquelles les feuilles présentent des mouchetures blanchâtres, jaunes ou vert pâle.

MOUILLABILITÉ : propriété d'une feuille capable d'être mouillée par un liquide.

MOUILLANT : produit qui améliore l'efficacité des traitements, en favorisant la dispersion des produits en solution et en augmentant leur adhérence au feuillage, protégeant ainsi du lessivage par la pluie et garantissant une durée d'action plus longue.

MOUSSE : petits végétaux, sans racine, sans vaisseaux mais feuillés.

MULCH (MULCHING) : mot anglais signifiant paillis ou paillage.

MUTATION : variation brusque des caractères d'une espèce.

MYCÉLIUM : partie purement végétative des champignons. Se présente sous forme de filaments généralement souterrains blancs (blanc du champignon).

MYCOLOGIE : étude des champignons (mycélologie).

MYCOSE : maladie due à un champignon parasite.

NANISME : croissance modifiée d'une plante, la taille étant exagérément naine par rapport aux dimensions normales.

NÉCROSE : altération de tissus ou d'organes morts ou mourants.

NÉOPLASME : tissu cancéreux, nervures, lignes généralement saillantes composées de fibres et de vaisseaux que l'on observe sur les feuilles, les sépales et les pétales. La nervure occupe le milieu du limbe des feuilles.

NEUTRALISÉ (NEUTRE) : se dit d'une solution aqueuse qui n'est ni acide ni basique (pH 7).

NITRATOPHILE : qui aime les sols riches en nitrates.

NITRIFICATION : transformation des sels ammoniacaux ou des nitrites en acide nitrique et en nitrate.

NŒUD : niveau de l'insertion d'une feuille sur une tige, souvent délimitée par un renflement.

NOUAISON : époque du développement des fruits.

NPK : trois lettres que vous allez retrouver sur tous les sacs d'engrais :
- N signifie azote ;
- P signifie phosphore ;
- K signifie potasse.

Œil : les jardiniers désignent sous ce nom le jeune bourgeon des arbres. Il y a des yeux à bois et des yeux à fleurs (à fruits).

Oïdium : maladie due à des champignons ascomycètes.

Oignon : synonyme de bulbe.

Oligo-élément : corps simple indispensable et utile aux plantes, mais en proportion minime (fer, cuivre, bore, manganèse, etc.).

Omnivore : qui se nourrit indifféremment de végétaux ou d'animaux.

Osmose : échange entre deux solutions séparées par une membrane plus ou moins perméable.

Ovicide : insecticide qui détruit les œufs d'insectes.

Oxydation : fixation d'oxygène sur une substance.

Paillage : épandage de paillis. Couche de paille, de tontes de gazon, d'écorce de pin, de coque de cacao, de fumier à demi décomposé, etc., que l'on étend sur le sol pour en maintenir l'humidité.

Parasite (plante) : plantes qui croissent sur d'autres aux dépens desquelles elles vivent.

Parasitologie : étude des parasites de l'homme, des animaux et des végétaux.

Pathologie végétale : science qui a pour but l'étude des maladies des plantes (phytopathologie).

Pédologie : étude du sol et de ses rapports avec le climat et la végétation.

Pépinière : endroit consacré à la multiplication et à l'élevage des plantes jusqu'au moment de leur mise en place définitive.

Persistant : opposé à caduc. Plantes ne perdant pas leurs feuilles l'hiver.

Peste végétale : invasion de plantes adventices ou envahissantes, toujours très difficiles à combattre.

Pesticide : substance ou produit capable de détruire les éléments vivants (microbes, insectes ou végétaux) considérés comme nuisibles ou de s'opposer à leur développement (fongicides, insecticides, herbicides).

pH : notation pour désigner le degré d'acidité ou d'alcalinité active.

Phagocytose : défense de l'organisme contre un parasite par l'englobement du parasite, sa mort et sa digestion.

Phanérogames : plantes à fleurs.

Phyllophage : qui se nourrit de feuilles.

Physiologie végétale : connaissance expérimentale des mécanismes de fonctionnement des plantes.

Phytochimie : chimie relative aux matières végétales.

Phytopathologie : science des maladies des plantes.

PHYTOPHAGE : qui se nourrit de substances végétales.

PHYTOPHARMACIE : étude des produits et préparations destinés à la protection des végétaux. Signifie aussi l'emploi des plantes comme médicaments.

PHYTOTOXIQUE : substance ou préparation susceptibles d'occasionner aux végétaux des altérations.

PIVOT : racine principale.

PLANT : jeune végétal destiné à être repiqué.

PLANTE ENVAHISSANTE : végétal introduit par l'homme dans les jardins et pouvant s'avérer dangereux pour l'équilibre de celui-ci. Échappée du jardin, elle peut devenir une peste végétale.

PLANTE HÔTE : plante recevant ou abritant des maladies, des plantes parasites ou des insectes (sous forme de larves, de chenilles ou d'adultes) en période hivernale ou en saison.

PLANTE TÉMOIN : plante utilisée pour alerter le jardinier ou le cultivateur du début d'une infestation (exemple : le rosier est plante témoin pour l'oïdium).

PLEIN-VENT : se dit des arbres fruitiers cultivés en jardin sur tige ou en verger. Le contraire de l'espalier.

PLOMBER : tasser la terre à l'aide d'un rouleau, d'une planchette ou le dos du râteau.

POMOLOGIE : science qui s'occupe de l'étude des fruits.

POQUET : poche ou trou fait dans le sol pour y déposer graines ou tubercules.

PORTE-GREFFE : plante qui a reçu ou doit recevoir une greffe.

POTAGER (de pot, potage) : jardin réservé à la culture des légumes.

POUDRAGE : projection d'une poudre sur un végétal.

POURRITURE : décomposition d'une matière organique sous l'effet de microbes ou de champignons.

POUSSE : jeune rameau en voie d'évolution.

PRALIN : s'utilise à la plantation de végétaux à racines nues pour garantir leur reprise. Il permet de « praliner », c'est-à-dire d'enrober les racines d'une bouillie qui apportera les éléments nutritifs indispensables et évitera tout risque de dessèchement des radicelles.

PRINTANISATION : vernalisation.

PROPHYLAXIE : mesures de protection contre les maladies et leur propagation.

PROTÉINE : matière albuminoïde simple (albumine).

PRUINEUX : couvert de pruine, c'est-à-dire d'un enduit cireux, glauque, fragile (prune, raisin).

PULVÉRISATION : aspersion d'un liquide en fines gouttelettes.

PURIN D'ORTIE : extrait végétal fermenté à base de grande ortie (*Urtica*).

PYRÈTHRE : insecticide efficace contre les pucerons, les aleurodes, les acariens et les mouches du chou et de la carotte. Inoffensif pour les abeilles et pour l'homme. Plante de la famille des composées.

RABATTAGE : action de rabattre, supprimer les branches ou les gros rameaux d'un arbre ou d'une plante dans le but de provoquer le développement de pousses nouvelles.

RACINE : partie du végétal qui se dirige ordinairement vers le centre de la Terre.

RADICELLES : fines ramifications de la racine.

RAME : tuteur que l'on donne comme support aux haricots et aux pois.

RAMILLES : fines ramifications des rameaux (rameau : ramification d'une branche).

RAMPANTE (TIGE) : couchée sur la terre et émettant souvent de petites racines de distance en distance.

RAMURE : ensemble des branches d'un arbre.

RÉACTION : phénomènes s'accomplissant par la mise en contact de deux corps chimiquement actifs l'un sur l'autre (vinaigre sur calcaire par exemple). Caractère acide ou alcalin d'une solution (son pH).

RECÉPER, RECÉPAGE : rabattre un végétal ligneux soit sur son tronc, soit sur ses branches principales.

RECYCLER : action de recyclage. Réutilisation des produits usagers.

REMONTANT : qui fleurit de nouveau, après la saison (rosiers, œillets, etc.).

REMPOTER : enlever une plante d'un pot pour la mettre dans un pot plus grand.

REPIQUER : replanter de jeunes plantes.

REPOS : temps d'arrêt dans la croissance des plantes.

RÉPULSIF : produit, préparation ou matériel dont la constitution, l'odeur ou la couleur éloignent les prédateurs.

RÉSISTANCE : propriété d'une plante de rester indemne aux attaques d'un ravageur ou d'une maladie.

RHIZOME : tige souterraine (iris, chiendent, pomme de terre).

RODENTICIDE : substance ou préparation destinée à la destruction des rongeurs (exemple : raticide).

ROSETTE : feuilles étalées régulièrement autour du collet ou du bourgeon. Ce nom désigne encore certaines ma-ladies qui ont pour symptôme la disposition anormale des feuilles en rosette (arbres fruitiers).

ROSTRE : bec ou pointe terminale.

ROTATION DES CULTURES : succession de cultures différentes sur une même parcelle (légumes feuilles, légumes racines, légumes fruits, engrais vert).

RUSTIQUE : plante qui n'est point difficile à cultiver et qui résiste aux intempéries.

SABLE : en pédologie, l'un des éléments minéraux du sol (sable grossier, gros sable, sable moyen, sable fin).

SAPONIFICATION : décomposition d'une graisse ou d'une huile en ses constituants, la glycérine et un acide gras. Cet acide gras combiné à la soude ou à la potasse donne un savon. Le savon noir peut faire un insectifuge ou être utilisé comme mouillant.

Saprophyte : nom d'une plante vivant de matières organiques de végétaux morts ou en décomposition.

Sarcler : ôter les mauvaises herbes, soit à la main, soit avec une binette.

Sarcloir : sorte de binette, propre à couper les mauvaises herbes un peu sous la surface du sol (les jardiniers le nomment étrier).

Scarification : incision profonde atteignant la chair ou les tissus vivant sous l'écorce.

Scion : première pousse verticale d'un jeune arbre en pépinière.

Scyphie : déformation des feuilles en forme de cornet.

Sélection : les plantes sont parfois sélectionnées pour être résistantes aux maladies.

Semis : acte de déposer en terre une graine.

Sensibilité : aptitude à réagir fortement à de petites variations du milieu ou à contracter une maladie.

Serfouette : outil à double usage. Son fer peut affecter trois formes : panne, langue et crochet, idéal pour les désherbages délicats et pour l'ameublissement des surfaces dures.

Sève : liquides absorbés par les plantes au moyen des poils radicaux des racines (sève brute). Après élaboration (fonction chlorophyllienne), ces liquides deviennent assimilables (sève élaborée).

Sevrer : couper et séparer de la plante-mère les marcottes lorsqu'elles ont pris racine.

Silicicole : calcifuge.

SNHF : Société nationale d'horticulture de France.

Solution : dispersion d'un corps en très fines particules dans un autre corps.

Souche : portion souterraine de la tige des plantes vivaces.

Soufre : fongicide efficace contre l'oïdium et la tavelure (soufre poudrage et soufre mouillable).

Sous-arbrisseau (sous-frutescent, sous-ligneux) : arbrisseau de petite taille à ramifications ligneuses, herbacées dans leur partie supérieure.

Sphagnum : sorte de mousses vivant dans les marais, aptes à se transformer en tourbe, utilisées pour la composition de substrats de culture (sphaigne).

Spores : corpuscules assurant la dissémination des plantes cryptogames (champignons, fougères, etc.).

Sport : brusque variation morphologique, sans cause apparente, chez une plante.

Stolon : synonyme de coulant ou filet (plante stolonifère). Exemple : fraisier.

Stratifier : disposer des graines, des bulbes, des tubercules, des greffons, des boutures par couches alternant avec du sable, de manière qu'ils conservent leur vitalité pendant une certaine période.

SUBER : liège.

SUBÉRINE : substance assez voisine des cires, imprégnant le liège et lui donnant ses propriétés d'imputrescibilité.

SUFFRUTESCENT : végétal ligneux de petite taille (exemple : bruyère).

SUSPENSION : dispersion d'une substance dans une autre à l'état de fines particules qui ne s'agglomèrent pas facilement.

SYMBIOSE : état de deux êtres qui vivent en commun en tirant chacun un bénéfice de leur association. Dans le parasitisme, l'un des deux vit aux dépens de l'autre.

TAILLE EN VERT : taille accomplie pendant que l'arbre caduc porte ses feuilles.

TANINS : substances fréquentes chez les plantes, capables de rendre des cuirs imputrescibles.

TAPISSANTE (PLANTE) : qui recouvre le sol comme un tapis.

TERPÈNE : mouillant naturel. Terpène de pin, terpène de menthe.

THALLOPHYTES : végétaux ne présentant jamais de thalles (c'est-à-dire ni tiges ni feuilles) : algues, bactéries, champignons, lichens.

TIGE : la pousse porteuse de feuilles chez les plantes (tronc, chaume, stipe, axe, pousse).

TIRE-SÈVE : appel-sève.

TISSU : groupe de cellules.

TOXICITÉ : propriété d'empoisonner ou d'altérer plus ou moins gravement l'état de santé. Pour les produits pesticides, la plus ou moins grande toxicité est exprimée sous la forme de dose létale (DL).

TOXINE : substance toxique, nuisible, secrétée par des microbes pathogènes et par les parasites.

TRAÇANTES : se dit des plantes qui émettent de nombreux rhizomes sous terre.

TRAITEMENT D'HIVER : assure une protection préventive contre les insectes et les acariens (huile blanche).

TRANSPLANTOIR OU HOULETTE : s'emploie pour la transplantation des plantes en mottes et pour arracher les racines des plantes adventices résistantes.

TRAUMATISMES : blessures.

TUBERCULE : partie charnue de certains rhizomes ou de racines qui se gorgent de réserve nutritive (pomme de terre, dahlia, topinambour, orchidées).

TURION : jeune pousse souterraine (asperge).

TUTEUR : support contre lequel on attache une plante (échalas, rames).

UPJ : association professionnelle des fabricants de produits phytosanitaires, de matières fertilisantes et de supports de culture.

URTICANT (*Urtica*, ortie) : dont le contact produit des démangeaisons (produit urticant, poils urticants).

VAISSEAU : organe de transport de la sève, formé de longues cellules en tube continu.

VÉGÉTALISATION : action de couvrir volontairement une surface déterminée de végétaux, contrôlés par la culture.

VEINES : nervures des feuilles, des pétales et des sépales.

VERGER : jardin fruitier. Terrain de culture réservé aux arbres fruitiers en plein vent.

VERNAL : printanier.

VERNATION : synonyme de préfloraison et de préfoliation. Signifie encore le développement général printanier.

VIE LATENTE : vitalité atténuée mais qui est susceptible de reprendre une vie active (exemple : bulbes au repos).

VIROLOGIE : étude des virus.

VIROSE : maladie due à un virus.

VIRUS : substance formée de particules très petites, réduites souvent à quelques molécules d'acide nucléique, capable de prolifération et d'autoreproduction mais seulement au sein des cellules vivantes d'une plante hôte appropriée.

VITAMINE : substance généralement produite par les végétaux et nécessaire à l'alimentation humaine ou animale.

VIVACE : se dit d'une plante qui vit plusieurs années.

VOLUBILE : se dit d'une plante ou d'une tige qui s'enroule sur un support ou une autre plante (exemple : liseron).

VRILLES : organes filiformes qui s'enroulent en spirale et à l'aide desquels certaines plantes grimpantes se fixent sur leur support (exemple : pois).

XYLOPHAGE : qui se nourrit de bois.

ZONE : qui présente des bandes transversales ou circulaires concentriques.

Lin

Achevé d'imprimer en février 2005
à Milan, Italie,
sur les presses de Grafiche Milani

Dépôt légal : février 2005
Numéro d'éditeur : 8916